EL DERECHO DE LOS TRANSPORTES EN LA UNIÓN EUROPEA

Calle Costa Rica, número 5, 3.º B (local comercial)
A Coruña, C.P. 15004
info@colex.es
www.colex.es

I.S.B.N.: 978-84-1359-823-9
Depósito legal: C 300-2023

EL DERECHO DE LOS TRANSPORTES EN LA UNIÓN EUROPEA

Carlos Francisco Molina del Pozo

COLEX 2023

AGRADECIMIENTOS

El autor quiere dejar constancia de su agradecimiento a las siguientes personas: Presiyana Grigorova Georgieva, Lucía Jiménez Gámez y Lucía Rozalén Rodríguez, todas ellas colaboradoras de mi Cátedra Jean Monnet *ad personam* de Derecho de la Unión Europea de la Universidad de Alcalá, así como a Laura González Crespo, ex becaria de investigación del Departamento de Ciencias Jurídicas de la Universidad de Alcalá y también colaboradora de la Cátedra, sobre quien recayó la siempre complicada tarea de coordinación de los trabajos del presente proyecto de investigación.

A mi nieto Álvaro,
apoyando su inmenso afán por descubrir y construir.
Con gran cariño.

SUMARIO

PARTE I

1. Concepto y base jurídica de la Política de Transportes de la Unión Europea 15
2. Objetivos comunes de la Política de Transportes de la Unión Europea 18
3. Historia de la Política de Transportes de la Unión Europea 20
4. Instrumentos jurídicos en materia de Derecho de los Transportes 24

Bibliografía 28

Jurisprudencia europea de especial interés 29

PARTE II

5. Tipos de transportes 31
   - 5.1. Transporte terrestre. El transporte por carretera 31
     - 5.1.1. El transporte internacional por carretera 32
     - 5.1.2. El transporte ferroviario 41
   - 5.2. Transporte aéreo 47
6. Transporte marítimo, fluvial y de cabotaje 60

Bibliografía 73

Jurisprudencia europea de especial interés 75

PARTE III

7. Interrelación del derecho de libre circulación de personas, bienes y mercancías en la Unión Europea: la regulación propia del Mercado Único Europeo en materia de transportes 77

7.1. Concepto y regulación....77
7.2. Derecho de libre circulación de personas....81
7.3. Derecho de libre circulación de mercancías. Aduanas....83
7.4. Derecho de libre circulación de servicios....85
8. La aportación a la economía de la Política de Transportes....87
9. La seguridad y protección del transporte....90
9.1. Seguridad de los mecanismos para el transporte....90
9.1.1. Medidas de seguridad adoptadas en el transporte terrestre por carretera....90
9.1.2. Medidas adoptadas en el transporte terrestre por ferrocarril....95
9.1.3. Medidas adoptadas en el transporte aéreo....98
9.1.4. Medidas adoptadas en el transporte marítimo y fluvial....101
10. La financiación de la Política de Transportes de la Unión Europea....108
10.1. Nociones básicas sobre el presupuesto europeo....108
10.2. Presupuesto destinado a la Política Común de Transportes....110
Bibliografía....112
Jurisprudencia europea de especial interés....113

PARTE IV

11. La Política Común de Transportes....115
12. Políticas que afectan a la Política de Transportes....119
12.1. Política medioambiental....119
12.2. Política de seguridad vial....121
12.3. Política de tarificación de infraestructuras del transporte por carreteras....124
12.4. Política de turismo....126
12.5. Política regional....128
12.6. Política de competencia....129
12.7. Política social....132
12.8. Política de empleo....136
12.9. Política de consumo....138

12.10. Política de PYMES....140
12.11. Política comercial....140
12.12. Redes transeuropeas de transporte: infraestructuras, comunicaciones y energía....142
13. Perspectivas de futuro de la Política de Transportes....146
Bibliografía....147
Jurisprudencia de especial interés....150

PARTE I

1. Concepto y base jurídica de la Política de Transportes de la Unión Europea

El transporte juega un papel fundamental en el desarrollo económico de las sociedades modernas, por su implicación en todos los sectores económicos de un país o región. Por citar algunos ejemplos, permite un mejor aprovechamiento de los recursos existentes, facilita la división del trabajo y mejora la especialización, algo que, a su vez, favorece la producción en serie, haciendo posible el suministro de bienes de consumo necesarios para el mantenimiento de la vida. Debido, precisamente, a este rol preponderante e imprescindible del transporte en las sociedades actuales, cabe afirmar que, la organización de un sistema de transportes eficaz requiere de una gran inversión de recursos públicos, de modo que se cuente con una red de transporte capaz de contribuir al logro de un correcto desarrollo económico[1].

Partiendo de esta realidad, la Unión Europea ha desarrollado una Política Común de Transportes, enmarcada dentro de las políticas comunes básicas de esta organización supranacional. Con su instauración, se busca asegurar que la circulación de mercancías y personas cumpla con las notas de seguridad y libertad necesarias, para lo cual se diseñan redes integradas de todos los tipos de transporte existentes.

En base a lo anteriormente expresado, podemos mantener que, de lo que se trata es de armonizar e integrar la Política de Transportes de todos los Estados miembros, con el fin de

---

1 RODRÍGUEZ SAIZ, L.: *La política económica de coordinación de transportes: el caso de España*, (Tesis de Doctorado, Universidad Complutense de Madrid, 1973), pp.1-2. Recuperado de Dialnet.

crear una red física para el desarrollo del aludido sector. En este sentido, la Política Común de Transportes debe resolver los problemas que puedan existir o surgir, de cara a permitir una coordinación e integración mayores de todos los medios de transporte dentro del territorio de la Unión Europea. Asimismo, la Política Común de Transportes debe contemplar un sistema de salvaguarda de los derechos de los ciudadanos que viajan, eliminar, en la medida de lo posible, la burocracia en las aduanas de los puertos, la supresión del control en fronteras terrestres —tanto por carretera como por ferrocarril— o también, facilitar el acceso en aeropuertos para viajes intracomunitarios.

Adicionalmente, la Política Común de Transporte en la Unión Europea debe contemplar entre sus objetivos, el de la sostenibilidad. Se trata de combatir el cambio climático ocasionado por la acción humana y de favorecer la sustitución de los combustibles fósiles utilizados por otros, considerados más limpios desde el punto de vista de su nivel contaminante. De este modo, la mencionada Política Común de Transportes, debe contemplar el cumplimiento de los objetivos climáticos definidos por la Unión Europea, tanto los vigentes en la actualidad como los que se pudieran establecer en un futuro próximo.

En lo que se refiere a su base jurídica, es conveniente precisar que, el Tratado de Funcionamiento de la Unión Europea (TFUE)[2] en su artículo 4, apartado 2, letra g) determina que, se trata de una competencia compartida entre la Unión Europea y los Estados miembros, lo que supone que ambas partes pueden adoptar actos jurídicos vinculantes en la materia. En la práctica, se puede constatar que, tanto una como los otros cuentan con una extensísima legislación sobre transportes, pero el marco común es el establecido por los instrumentos jurídicos que emplea la Unión Europea para definir las medidas a adoptar en relación con esta política.

Asimismo, en los artículos 90 a 100 del TFUE, que se corresponden con su Título VI, se establecen los mecanismos necesarios para la creación y desarrollo de la política común de transporte. De este modo, el Parlamento Europeo y el Consejo, haciendo uso del procedimiento legislativo común ordinario, y con consulta previa realizada al Comité

2 Referencia DOUE 2012/C 326/01.

Económico y Social y al Comité de las Regiones, deberán crear medidas capaces de lograr la mejora para la seguridad en el transporte, así como normas comunes destinadas a regular los transportes internacionales desde y hacia un Estado miembro o, a través de uno o varios de ellos. Además, son los encargados de regular las condiciones que permitan a los transportistas no residentes prestar servicios de transporte en territorio de la Unión Europea.

Todas las iniciativas regulatorias que se adopten por el Parlamento Europeo y el Consejo deberán tener en cuenta los efectos que las medidas puedan ocasionar en el nivel de vida y las repercusiones en el empleo en las distintas regiones europeas, primando la igualdad entre los transportistas de los diferentes países, contando a su vez con las diferentes condiciones económicas existentes en cada Estado miembro de la Unión. Cabe mencionar que, el artículo 99 del TFUE, crea un Comité Consultivo adjunto a la Comisión Europea, compuesto por expertos designados por los Gobiernos de los Estados miembros, cuya misión es servir de consulta en materia de transportes, cuando lo estime oportuno la Institución a la que está adjunto.

De igual forma, el artículo 95 del TFUE habilita al Parlamento Europeo y al Consejo para adoptar medidas encaminadas a garantizar la inexistencia de discriminación en precios y condiciones de transporte. En especial, podrá adoptar medidas que permitan a las Instituciones europeas la garantía de la no discriminación, así como el pleno beneficio para los usuarios.

Por otra parte, la Política Común de Transportes debe ajustarse a la Política Medioambiental, que constituye una apuesta estratégica de futuro para todos los Estados miembros. Por ello, en los últimos años estamos viendo cómo, de forma más precisa y ambiciosa, se adoptan medidas que afectan al transporte, y que pretenden que el mismo sea sostenible y respetuoso con la eliminación del CO_2.

En último término, añadir que, los acuerdos alcanzados en la Conferencia sobre el Clima de París, en 2015 (COP21)[3], con el horizonte puesto en la reducción de emisiones de gases

3 *Vid.:* https://www.miteco.gob.es/es/cambio-climatico/temas/el-proceso-internacional-de-lucha-contra-el-cambio-climatico/naciones-unidas/CMNUCC.aspx. Última consulta el 4 de abril de 2022.

de efecto invernadero en un 20 % entre 2021 y 2030, están ahora integrados en la Política Común de Transportes. Tal integración ha supuesto cambios en la legislación europea en la materia, con textos normativos como el Pacto Verde Europeo que fija objetivos muy concretos a alcanzar. A estos y otros textos legales emanados de la Unión Europea haremos referencia en líneas posteriores.

2. Objetivos comunes de la Política de Transportes de la Unión Europea

La Política Común de Transportes de la Unión Europea tiene como objetivo general propiciar la circulación de personas y bienes en el Mercado Único Europeo (MUE), así como desde y hacia terceros países, y que esta sea uniforme, eficaz, segura y libre. Para conseguir que el gasto y el impacto medioambiental sean menores y, por tanto, aumente la eficiencia en el sector, tal circulación debe hacerse a través de las redes integradas que incluyan todos los tipos de movilidad (ferrocarril, fluvial, aérea, marítimo y por carretera)[4].

Adicionalmente, se hace necesario aprovechar —todo lo posible— la tecnología y organización disponibles para mejorar la seguridad, la reducción del ruido o la contaminación. Asimismo, la Política de Transportes ayuda a fortalecer la cohesión económica y social, contribuyendo a reducir las diferencias regionales y posibilitando un mejor acceso a los territorios insulares y periféricos, siendo que, además, fomenta las inversiones en infraestructuras, creando nuevos puestos de trabajo[5]. Teniendo en cuenta lo anterior, el desarrollo de esta política favorece el fortalecimiento de una industria competitiva y, en definitiva, de una economía más sólida, por lo que se debe replantear cuáles son y serán sus objetivos cada cierto tiempo.

Una característica de la Política de Transportes es la importancia que en ella tiene la armonización de legislaciones,

4 *Vid.*: https://eur-lex.europa.eu/summary/chapter/transport.html?root_default=SUM_1_CODED%3D32&locale=es. Última consulta el 18 de agosto de 2022.

5 *Vid.:* https://www.mitma.gob.es/recursos_mfom/02_politica_europea_transportes.pdf. Última consulta el 4 de abril de 2022.

toda vez que permite garantizar condiciones de competencia equitativas entre los Estados miembros.

Si nos remontamos a los primeros años de desarrollo de la Política de Transportes, debemos situarnos a mediados de la década de 1980, tras el fallo del Tribunal de Justicia en el asunto 13/83. En tal desarrollo, la prioridad primera fue la creación de un Mercado Común de Transportes, que ayudara a hacer realidad la libre prestación de servicios y la apertura de los mercados. Con posterioridad, una vez conseguido el Mercado Común, el objetivo evolucionó hacia su mejora. Así, tanto los volúmenes de mercancías transportadas como de personas no han hecho más que crecer, gracias a medidas como la supresión de las fronteras interiores, el descenso en los precios del transporte o la realización del Mercado Interior Europeo[6].

En la actualidad, además de los objetivos arriba reseñados, la Política de Transportes se enfrenta al compromiso de la movilidad sostenible, lo cual supone que, irremediablemente, en un futuro próximo, los transportes deberán hacer uso de una energía más limpia y en menor cantidad, con el fin de conseguir reducir el impacto negativo del sector sobre el medio ambiente.

A este respecto, en el Libro Blanco de 2011 «Hoja de ruta hacia un espacio único europeo de transporte: por una política de transportes competitiva y sostenible»[7], se fijan diez objetivos para un sistema de transporte competitivo y sostenible, y se hace hincapié en la necesidad de crear un Espacio Único Europeo de Transporte[8]. Los diez objetivos se subdividen a su vez en tres grupos: 1) desarrollar y utilizar nuevos combustibles y sistemas de propulsión sostenibles, con miras a reducir a la mitad el uso de automóviles de propulsión convencional en el transporte urbano para 2030 y eliminarlo para 2050; 2) optimizar el rendimiento de las cadenas logísticas multimodales, incluso incrementando el uso de modos más eficientes energéticamente[9]; y, 3) aumentar la eficiencia

6 Molina del Pozo, C.F.: *Derecho de la Unión Europea*, 7.ª edición, Editorial Reus, Madrid, 2023, pp. 427 y 428.

7 COM (2011) 144 final.

8 *Vid.:* https://www.europarl.europa.eu/ftu/pdf/es/FTU_3.4.1.pdf. Última consulta el 18 de febrero de 2022.

9 Para ello, se mencionan objetivos como conseguir que en 2050 la

del transporte y el uso de infraestructuras con sistemas de información y con incentivos basados en el mercado[10].

Pues bien, de acuerdo con el Dictamen del Comité Económico y Social Europeo sobre el Documento de trabajo de los servicios de la Comisión —Evaluación del Libro Blanco— «Hoja de ruta hacia un espacio único europeo de transporte: por una política de transportes competitiva y sostenible»[11], de junio de 2021, las medidas del Libro Blanco siguen vigentes en gran medida, aunque se ha avanzado en este sentido. Aun así, señala el documento, que se ha reducido la dependencia del petróleo, pero aún sigue siendo elevada. Además, el resultado en lo que se refiere a la congestión de las carreteras continúa siendo limitado. Así, aunque se avanza en su aplicación, todavía estos objetivos tienen plena vigencia.

3. Historia de la Política de Transportes de la Unión Europea

La Política de Transportes en el seno de la Unión Europea siempre ha sido una pieza angular de la integración. Tanto es así que, en el Tratado de Roma, firmado en 1957, ya contaba con un título propio, lo que demuestra su importancia como política común. A pesar de ello, en el Tratado no se definía el contenido de la política, más allá de mencionar que se debía aplicar al ámbito de la carretera, el ferrocarril y la vía navegable.

Los avances en los años siguientes fueron casi inexistentes, hasta que el Parlamento Europeo llevó al Consejo ante el Tribunal de Justicia por la falta de desarrollo de la Política Común de Transportes, en lo que se conoció como «el recurso de carencia u omisión». Como consecuencia, el Tribunal de Justicia dictó el 22 de mayo de 1985, en el asunto 13/83, una sentencia en la que condenaba al Consejo por inacción. Desde entonces, comienza el verdadero desarrollo de la Política de Transportes, planteándose el Consejo como prioridad

mayor parte del transporte de pasajeros de media distancia sea por ferrocarril.

10 Por ejemplo, aplicando los principios del «usuario pagador» y de quien contamina paga».

11 [SWD (2020) 410 final] (2021/C 341/14).

primera la creación de un mercado común de transportes, como ya hemos mencionado anteriormente. Ese mismo año, la Comisión incluyó en el Libro Blanco sobre el Mercado Interior o Mercado Único Europeo (MUE), determinados objetivos en materia de transportes que debían alcanzarse antes de 1992[12]/[13].

En 1986, con el Acta Única Europea, se sustituyó el voto unánime por la mayoría cualificada en el Consejo en temas relacionados con el transporte aéreo y marítimo. También en ese año se aprobaron una serie de reglamentos con los que se pretendía abrir los mercados de servicios marítimos y, en 1987, se aprobó otro paquete de medidas sobre mercado de transporte aéreo, actualizándose en 1990 y 1992, de suerte que fueron eliminadas las restricciones comerciales para líneas aéreas europeas.

Por su parte, en el año 1992, se formaliza la creación de las Redes Transeuropeas con la entrada en vigor del Tratado de Maastricht y, con el Libro Blanco de la Comisión sobre el futuro de la Política Común de Transportes, se comenzó a señalar la necesidad de vincular los mercados del transporte a la competencia. En este Libro Blanco se hace mención por primera vez al término movilidad sostenible, que tanto valor ha adquirido en los últimos años.

El siguiente paso en la materia se daría en el año 1997 con el Tratado de Ámsterdam, dotando al Parlamento Europeo y al Consejo de la facultad para tomar decisiones en relación con la Política de Transportes conjuntamente, a través del procedimiento de codecisión. En 2001, con el Libro Blanco de la Comisión *La política de transportes de cara al 2010: la hora de la verdad*, se hizo un intento por eliminar la relación existente entre crecimiento económico y aumento del tráfico, dándole mayor importancia al transporte ferroviario.

Como ya se ha indicado anteriormente, desde la entrada en vigor del Tratado de Funcionamiento de la Unión Europea, en diciembre de 2009, la regulación básica en la materia,

---

12 *Vid.:* https://europa.eu/european-union/topics/transport_es. Última consulta el 29 de diciembre de 2021.

13 *Vid.:* https://www.unsam.edu.ar/institutos/transporte/publicaciones/IAT-IT-Politica-de-Planificacion-del-Transporte-en-la-Union-Europea-5.pdf. Última consulta 29 de diciembre de 2021.

la encontramos en el artículo 4, apartado 2, letra g) y en el Título VI del texto legal mencionado.

Hasta este momento, los volúmenes transportados, tanto de personas como de mercancías, han ido aumentado debido a la persecución de esa aspiración «más es mejor» que, únicamente concebía a la presente política desde una perspectiva económica. Así, se tomaron una serie de medidas como el descenso de los precios del transporte a raíz de la apertura y liberalización de los mercados de transportes, y cambios del sistema de producción y almacenamiento.

No sería sino hasta el año 2011, que se fijarían objetivos ambiciosos, también relacionados con materia medioambiental, en relación con la Política Común de Transportes. El Libro Blanco *Hoja de ruta hacia un espacio* único *europeo de transporte: por una política de transportes competitiva y sostenible*, ya enunciado, vino a recomendar una reducción del 20 % en las emisiones del transporte, salvo del transporte marítimo internacional, entre 2008 y 2030, y del 60 % entre 1990 y 2050. Además, se proponía que, un 40 % de los combustibles utilizados para el año 2050, proviniesen de combustibles sostenibles hipocarbónicos en el sector aéreo, así como la reducción de la proporción de automóviles de propulsión tradicional en el transporte urbano en un 50 %, desde ahora hasta el año 2030 y, del 100 %, en el periodo que abarca de aquí al año 2050. Como se aprecia a simple vista, estos objetivos distan mucho de los necesarios para cumplir con los establecidos en la Conferencia de París sobre el Clima, celebrada en diciembre de 2015[14].

En el año 2016, la Comisión Europea publicó la Comunicación «Estrategia europea a favor de la movilidad de bajas emisiones[15]», en la que señala medidas para acelerar la descarbonización del transporte europeo.

En la actualidad, es sencillo constatar que, el sector del transporte es el responsable del 25 % de las emisiones de gases de efecto invernadero de la Unión Europea, siendo el único sector en el que las citadas emisiones han aumentado en los últimos años, todo lo cual conlleva la necesidad de implementar cambios en el sector, de modo que, se ha pro-

14 Molina del Pozo, C.F., *Derecho de la Unión Europea ... (op.cit.)*, p. 429.

15 COM (2016) 0501 final.

puesto como objetivo, de aquí al año 2050, reducir las aludidas emisiones en un 90 %[16].

Uno de los documentos más importantes de los últimos años y que afecta en toda su amplitud a la Política de Transportes es el Pacto Verde Europeo, presentado en diciembre de 2019. Este documento, con el que se pretende que la Unión Europea termine siendo climáticamente neutral para el año 2050, dedica su apartado 2.1.5, a temas relativos a los transportes. Con el título *Acelerar la transición a una movilidad sostenible e inteligente*, plantea la necesidad de reducir en un 90 % las emisiones de gases de efecto invernadero provenientes del transporte, pues —como ya se ha indicado más atrás— las mencionadas emisiones representan actualmente una cuarta parte de todas las emisiones que se producen en el ámbito de la Unión Europea. Para ello, ejemplifica medidas como el impulso del transporte multimodal, la desaparición de las subvenciones a combustibles fósiles, o la intensificación de la producción y utilización de combustibles alternativos y sostenibles.

Entre las últimas acciones para implementar el mandato dado en el Pacto Verde, se encuentra la publicación de la Comunicación *Estrategia de movilidad sostenible e inteligente: encauzar el transporte europeo de cara al futuro*, de 9 de diciembre de 2020[17] que, con 82 iniciativas, dibuja el camino para conseguir el gran objetivo de emisiones cero en el sector del transporte.

De toda la regulación en la materia, se induce que desde los inicios de la política ha existido un aumento en la importancia de la armonización para unificar y aunar disposiciones legales, reglamentarias y administrativas de los Estados miembros, que incluye las condiciones técnicas, sociales y fiscales. Todo ello con el objetivo más genérico de establecer condiciones de competencia equitativas entre los distintos modos de transporte y, dentro de cada uno de ellos, ahora condicionados también por la regulación en materia medioambiental y de cambio climático que, muy segura-

16 *Vid.:* https://ec.europa.eu/info/strategy/priorities-2019-2024/european-green-deal/transport-and-green-deal_es. Última consulta el 27 de septiembre de 2021.

17 COM (2021) 789 final.

mente, terminará cambiando la movilidad de los ciudadanos a medio/largo plazo[18].

4. Instrumentos jurídicos en materia de Derecho de los Transportes

El sistema de fuentes legislativas en la Unión Europea se compone de fuentes obligatorias y no obligatorias[19], de las cuales se valen las diversas Instituciones que la integran para regular las distintas cuestiones sobre las que poseen competencia. Por la importancia que tiene en el desarrollo del presente trabajo, a continuación, nos disponemos a enunciar brevemente las características esenciales de los actos legislativos en los que, con mayor frecuencia, se articula la normativa en materia de transportes, de cara a una mejor comprensión del marco jurídica de esta.

Señala el artículo 288 del TFUE que las Instituciones europeas, para ejercer las competencias de la Unión, adoptarán reglamentos y directivas, tomarán decisiones y formularán recomendaciones o emitirán dictámenes. De este modo, las fuentes obligatorias son los reglamentos, las directivas y las decisiones, mientras que las recomendaciones y los dictámenes forman parte de las fuentes no obligatorias contempladas en los Tratados.

En lo que se refiere al **reglamento**, es la principal fuente de Derecho derivado y con carácter de obligatoria en todos sus elementos, de suerte que genera consecuencias jurídicas para todos sus destinatarios. Se trata de una norma abstracta, lo que significa que no tiene destinatarios concretos. Además, es directamente aplicable y generadora de derechos individuales. Salvo excepciones, su aplicación será simultánea y uniforme en todos los Estados miembros. Una de sus características más importante es el efecto directo que posee, lo que supone su imposición a las normas nacio-

18 Molina del Pozo, C.F: *Derecho de la Unión Europea ... (op.cit.)*, p. 429.

19 Una vez que hemos diferenciado entre Derecho originario, compuesto por los Tratados fundacionales y sus modificaciones, y el Derecho derivado como todos aquellos actos que emanan del Derecho originario.

nales que le sean contrarias y su invocabilidad, por parte de los ciudadanos, ante los Tribunales de Justicia nacionales.

Concretamente, en materia de transportes, entre los reglamentos que podemos encontrar, es posible citar los siguientes:

- Reglamento (CE) n.º 561/2006, del Parlamento Europeo y del Consejo, de 15 de marzo de 2006, relativo a la armonización de determinadas disposiciones en materia social en el sector de los transportes por carretera. Referencia: *DOUE L 102 de 11.4.2006, p. 1/14.*
- Reglamento (CE) n.º 1072/2009, del Parlamento Europeo y del Consejo, de 21 de octubre de 2009, por el que se establecen normas comunes de acceso al mercado del transporte internacional de mercancías por carretera. Referencia: *DOUE L 300 de 14.11.2009, p. 72/87.*
- Reglamento (UE) n.º 913/2010, del Parlamento Europeo y del Consejo, de 22 de septiembre de 2010, sobre una red ferroviaria europea para un transporte de mercancías competitivo. Referencia: *DOUE L 276 de 20.10.2010, p. 22/32.*
- Reglamento (UE) n.º 70/2012, del Parlamento Europeo y del Consejo, de 18 de enero de 2012, sobre la relación estadística de los transportes de mercancías por carretera. Referencia: *DOUE L 123 de 10.5.2019, p. 4/17.*
- Reglamento (UE) 2019/712 del Parlamento Europeo y del Consejo, de 17 de abril de 2019, relativo a la defensa de la competencia en el transporte aéreo. Referencia: *DOUE L 123 de 10.5.2019, p. 4/17.*
- Reglamento (UE) 2020/1055 del Parlamento Europeo y del Consejo, de 15 de julio de 2020, por el que se modifican los Reglamentos (CE) n.º 1071/2009, (CE) n.º 1072/2009 y (UE) n.º 1024/2012, con el fin de adaptarlos a la evolución del sector del transporte por carretera. Referencia: *DOUE L 249 de 31.7.2020, p. 17/32.*

Por su parte, las **directivas** no tienen alcance general, sino que obligan solo a sus destinatarios, pudiendo ser estos uno, varios o todos los Estados miembros de la Unión Europea. Además, no son directamente aplicables, sino que requieren de una norma nacional de transposición, lo que a su vez supone que no gozan de efecto directo. En cuanto a su contenido, se limitan a fijar objetivos, dejando a los Estados destinatarios la libre determinación de los medios y la forma de conseguirlos. Por último, cabe reiterar que son actos obligatorios en cuanto a sus fines, lo que implica, a su vez que, ante un incumplimiento, se pueda interponer contra el Estado miembro incumplidor el correspondiente recurso ante el Tribunal de Justicia de la Unión Europea (TJUE).

Directivas aplicables a los transportes podemos encontrar muchas, por solo mencionar algunas de entre ellas, citaremos las siguientes:

- Directiva 2002/15/CE del Parlamento Europeo y del Consejo, de 11 de marzo de 2002, relativa a la ordenación del tiempo de trabajo de las personas que realizan actividades móviles de transporte por carretera. Referencia: *DOUE L 80 de 23.3.2002, p. 35/39*.
- Directiva 2014/94/UE del Parlamento Europeo y del Consejo, de 22 de octubre de 2014, relativa a la implantación de una infraestructura para los combustibles alternativos. Referencia: *DOUE L 307 de 28.10.2014, p. 1/20*.
- Directiva (UE) 2016/802 del Parlamento Europeo y del Consejo, de 11 de mayo de 2016, relativa a la reducción del contenido de azufre de determinados combustibles líquidos. Referencia: *DOUE L 132 de 21.5.2016, p. 58/78*.

Otro de los actos jurídicos de la Unión son las **decisiones**, un instrumento que carece de carácter normativo. Las decisiones son obligatorias en todos sus elementos, pero solo para sus destinatarios, que pueden ser un Estado o varios o bien un particular, ya sea persona física o jurídica. Por tanto, tienen validez individual. En el supuesto de dirigirse a uno, varios o todos los Estados miembros, estos tienen la obligación de hacer todo aquello que se señale en las mismas, debiendo proceder a la correspondiente transposición de la decisión al ordenamiento nacional respectivo para que se logre su eficacia jurídica, participando así del carácter de las directivas. En cambio, si sus destinatarios son las personas físicas o jurídicas, para ellos las decisiones participan del carácter y naturaleza de un reglamento, pues son obligatorias sin necesidad de intervención de ninguna autoridad nacional.

Por último, cabe señalar que, se consideran actos legislativos en tres supuestos: si son adoptadas por el Parlamento Europeo y el Consejo a través del procedimiento legislativo ordinario o si las adopta el Parlamento Europeo con participación del Consejo, o viceversa, a través de un procedimiento legislativo especial de los que se hallan previstos en los Tratados.

Adentrándonos en las fuentes no obligatorias, las **recomendaciones** tienen como misión sugerir un comportamiento determinado a aquellos a quienes se dirigen. Ahora bien, su incumplimiento no tiene consecuencias, al no ser actos vinculantes. Asimismo, los **dictámenes** comparten algunas características con las recomendaciones, como es, por ejemplo, su no vinculatoriedad, pero deben ser motivados y referirse a los informes que, preceptivamente, se han debido recabar para su redacción. De este modo, podemos afirmar que, los dictámenes constituyen la expresión de una opinión sobre una temática concreta que elaboran las Instituciones europeas, mientras que las recomendaciones son el instrumento a través del cual, por acción indirecta, se armonizan las legislaciones.

Por otro lado, podemos advertir de que, dos de los instrumentos más utilizados para referirse a los contenidos de la política común de transportes son los denominados libros verdes y libros blancos. Los **libros verdes** tienen como objetivo generar debates sobre una temática concreta a escala de la Unión Europea, invitando de este modo a los interesados a participar en un proceso de consulta y debate acerca de las propuestas presentadas. De esta manera, pueden ofrecer la base sobre la que cimentar la construcción de auténticos procesos legislativos, los cuales se reflejarán, más tarde, en libros blancos. Un ejemplo de ellos en materia de transporte lo constituye el Libro Verde de la Comisión, de 25 de septiembre de 2007, *Hacia una nueva cultura de la movilidad urbana*[20]. En cambio, los **libros blancos** contienen propuestas de acciones de la Unión Europea en una materia específica, pudiendo ser una continuación de un libro verde, como ya hemos indicado más arriba. Con ellos lo que se busca es

20 COM (2007) 551 final.

iniciar un debate que posibilite lograr un consenso político acerca de una cuestión determinada con el público, las partes interesadas, el Parlamento Europeo y el Consejo[21]. Ejemplos de libros blancos sobre esta temática de los transportes ya hemos mencionado algunos, como, por ejemplo, el Libro Blanco *Hoja de ruta hacia un espacio* único *europeo de transporte: por una política de transportes competitiva y sostenible*.

Bibliografía

A.A.V.V.: *Tratado de Derecho y políticas de la Unión Europea*, Tomo IX, Edit. Aranzadi, Pamplona, 2017.

Molina del Pozo, C.F.: *Tratado de Derecho de la Unión Europea*, 4 vols., Juruá Editora, Curitiba-Lisboa, 2015.

Molina del Pozo, C.F.: *Manual de Derecho de la Comunidad Europea*, 4.ª edición, Editorial Dijusa, Madrid, 2004.

Molina del Pozo, C.F. (Dir.): *Comentarios a la Legislación Comunitaria*. Tomo IX: Política de Transportes. Política de Energía. Edit. Edersa, Madrid, 1987, 915 págs. ISBN 84-7130-581-X - ISBN 84-7130-557-7

Molina del Pozo, C.F.: *Comentarios al Proyecto de Constitución Europea*. Edit. Comares. Granada-1996. 675 págs. ISBN 84-8151-260-5

Molina del Pozo, C.F.: *Derecho Administrativo Comunitario Europeo*, 3.ª edición. Edit. FUFAP. Madrid-2000. 171 págs. ISBN NA-209-1999.

Molina del Pozo, C.F.: *Derecho Comunitario*. Edit. Calamo, Barcelona-2004, 467 págs., ISBN: 84-95860-27-9.

Molina del Pozo, C.F.: *Veinticinco años de impacto del Derecho Comunitario en el Derecho español*. Editorial Liceus, colabora Ministerio de Asuntos Exteriores y de Cooperación. Madrid-2010. ISBN: 978-84-9822-896-0. 630 páginas.

21 *Vid.:* https://eur-lex.europa.eu/legal-content/ES/TXT/?uri=LEGISSUM:white_paper. Última consulta el 19 de abril de 2022.

Molina del Pozo, C.F.: *Tratado de Lisboa: TUE, TFUE y Carta Europea de Derechos Fundamentales. Textos consolidados y anotados*. 2.ª edición, Editorial Universitaria Ramón Areces. Madrid-2018. ISBN: 13: 978-84-9961-323-9.

Molina del Pozo, C.F.: «La Empresa Española ante el Derecho Comunitario de la competencia», en *Revista Noticias CEE*, n.º 13, febrero-1986, pág. 43 a 47. Edit. CISS. Valencia-1.996

Molina del Pozo, C.F.: «La implantación en España del Derecho Comunitario Europeo», en *Tapia. Publicación para el mundo del Derecho*, España en Europa (I), n.º 24.

Molina del Pozo, C.F.: *Derecho de la Unión Europea*, 7.ª edición, Editorial Reus, Madrid, 2023.

Rodríguez Saiz, L.: *La política económica de coordinación de transportes: el caso de España,* (Tesis de Doctorado, Universidad Complutense de Madrid, 1973).

Jurisprudencia europea de especial interés

- TJUE, 15 de julio de 1964, *Costa c. Enel* (Asunto 6/64).
- TJUE, 13 de mayo de 1971, *International Fruit Company* (Asunto 41-44/70).
- TJUE, 7 de febrero de 1973, *Comisión c. Italia* (Asunto 39/72).
- TJUE, 5 de abril de 1979, *Ratti* (Asunto 148/78).
- TJUE, 22 de mayo de 1985, *Parlamento Europeo c. Consejo de las Comunidades Europeas* (Asunto 13/83).
- TJUE, 14 de julio de 1994, *Faccini Dori* (Asunto C-91/92).
- TJUE, 19 de junio de 2009, *España c. Comisión* (Asunto T-369-05).

PARTE II

5. Tipos de transportes

A continuación, nos disponemos a desarrollar el marco jurídico, la situación actual y las perspectivas de futuro que presentan los distintos medios de transporte en el contexto de la Unión Europea. Asimismo, haremos referencia a la regulación propia del Mercado Único Europeo en materia de transportes, especialmente de los derechos de libre circulación, así como de cuestiones de seguridad y protección del transporte.

5.1. Transporte terrestre. El transporte por carretera

En materia de transporte por carretera, constituye un objetivo común de la Unión Europea, la creación de un mercado liberalizado de servicios. Se trata de facilitar el acceso a la profesión de transportista, eliminando todas las barreras o trabas relacionadas con la nacionalidad y con el establecimiento de un servicio de transporte en un Estado distinto de aquel en el que se presta el servicio.

En el Título VI del TFUE se encuentra recogida toda la superior regulación del transporte por carretera, en sus diferentes modalidades. Concretamente, el artículo 90 (antiguo artículo 70 del TCE), señala que los objetivos establecidos por los Tratados, en relación con los transportes, serán parte de la política común de transportes, y el artículo 91 (antiguo artículo 71 del TCE) establece la competencia del Parlamento Europeo y el Consejo, previa consulta al Comité de las Regiones, para la creación de normas comunes sobre el transporte internacional desde el territorio de un Estado miembro con destino a otro Estado miembro, o a través de su territorio, y para la creación de las condiciones que permitan la prestación del servicio por transportistas no residentes en un Estado miembro. Todo ello sin olvidar la mejora de la seguridad en los transportes, y teniendo en cuenta la afectación de las normas al nivel de vida de los habitantes de las diferentes regiones.

En la conocida sentencia que resolvió el llamado «recurso de carencia u omisión» en el año 1985, se condena al Consejo por su inacción a la hora de regular la libre prestación de servicios en materia de transportes internacionales, así como la admisión de los transportistas no residentes en los transportes nacionales del resto de Estados miembros. Desde ese preciso momento, se viene observando cómo la normativa en la materia ha ido evolucionando a pasos agigantados. Es necesario advertir que, la Política Común de Transportes, en lo relativo al transporte por carretera, debe regular las condiciones de competencia, a la vez que garantiza la libre prestación de servicios. Ello requiere de un proceso de armonización de las legislaciones de los distintos Estados miembros. Pues bien, en la actualidad, este proceso incluye normas relativas a diversas materias, como pueden ser los impuestos, ayudas estatales, normas técnicas, prescripciones sociales y medidas de protección del medio ambiente.

5.1.1. El transporte internacional por carretera

El sector de los transportes es fundamental para el desarrollo económico de la Unión Europea, así como para continuar cumplimentando progresivamente los principios de libre prestación de servicios y de libre circulación de personas y mercancías. Este papel se ve reflejado, especialmente, en el transporte por carretera, aun cuando su volumen se intenta reducir debido a sus implicaciones ecológicas y medio ambientales. Por ello, la creación de normas aplicables a todos los Estados miembros, que tengan por finalidad el conseguir facilitar y ordenar este sector del transporte, ha sido desde siempre considerado como algo muy necesario.

A) La figura del conductor del vehículo y su regulación.

La regulación que compete al conductor de los vehículos por carretera está compuesta en su mayoría por directivas y reglamentos. En primer lugar, cabe mencionar que, desde el 1 de enero de 1993, se suprimieron las restricciones a las que estaba sometido el transporte internacional por carretera entre los distintos Estados miembros o a través de ellos, hasta entonces regulada tal situación por medio de tratados bilaterales. Pues bien, en lo referente al permiso de conducción, hemos de hacer alusión a la Directiva 91/439/CE, de 29 de julio de 1991, sobre el permiso de conducción[22], con la que se comenzó a aplicar el principio del reconocimiento recíproco, se unificó el formato del permiso y las categorías de los distintos vehículos, además de determinarse una serie de garantías mínimas de salud y capacitación para los conductores. El formato del permiso sería nuevamente objeto de regulación con la Directiva 96/47/CE, de 23 de julio de 1996, al crear un formato alternativo para éste, que terminaría imponiéndose a partir del 19 de enero de 2013[23].

Por su parte, en cuanto a la duración de la validez del permiso, es preciso advertir que será variable, puesto que, si se trata de motocicletas y automóviles, en dependencia del país, esta será de diez a quince años, mientras que, en caso de tratarse de camiones y autobuses, la misma se limita a cinco años. El permiso es válido en toda la Unión Europea, y siendo así, se establece que, en todos los Estados miembros se deberá seguir el mismo formato de tarjeta de plástico, a más tardar en el año 2023.

En relación a la cualificación inicial y la formación de los conductores del transporte de mercancías o viajeros por carretera, hemos de acudir al contenido dispuesto en la Directiva (UE) 2018/645, del Parlamento Europeo y del Consejo, de 18 de abril[24].

---

22 Su fecha de validez se extiende hasta el 19 de enero de 2013, cuando fue derogada por la modificación en ese año de la Directiva 2006/126/CE, del Parlamento Europeo y del Consejo, de 20 de diciembre de 2006, sobre el permiso de conducción. Referencia: DOUE L 403 de 30.12.2006, p. 8.

23 Con la ya mencionada Directiva 2006/126/CE.

24 DOUE L 112 de 2.5.2018, p. 29/41.

A su vez, el certificado de conductor se rige por el Reglamento (CE) 1072/2009, de 21 de octubre de 2009, sobre normas comunes de acceso al mercado del transporte internacional por carretera[25]. Este certificado es un documento de uso común en todos los Estados miembros por el que se certifica la contratación legal del conductor para poder llevar a cabo la labor que desempeña.

Cuestión de importancia capital en la materia que nos ocupa es la referida a los tiempos de trabajo y de conducción, así como al descanso de los conductores por carretera. En esta temática, la armonización de las legislaciones ha jugado un trascendental papel. Estos aspectos vinieron a ser regulados a través de la Directiva 2002/15/CE, de 11 de marzo de 2002, relativa a la ordenación del tiempo de trabajo de las personas que realizan actividades móviles de transporte por carretera [26]/[27]. La mencionada directiva sirve, entre otras muchas cosas, para dotar al sector de los requisitos mínimos que hagan posible conseguir la mejora de la seguridad y de la salud de los conductores. De este modo, se establece una duración media por semana de cuarenta y ocho horas, pudiendo ampliarse a sesenta horas si en el cómputo de horas totales en un período de cuatro meses no se superasen las cuarenta y ocho horas.

Por su parte, el Reglamento (CE) 561/2006, de 15 de marzo de 2006[28], aplicable a los conductores de transporte de mercancías o de viajeros, establece el tiempo máximo de conducción diario, las pausas y el período de descanso mínimo semanal, así como una simplificación de las medidas de control y sanción. Este citado reglamento es igualmente importante por introducir, de forma obligatoria, el uso del tacógrafo digital, facilitando la detección de infracciones[29].

---

25 DOUE L 300 de 14.11.2009, p. 72/87

26 DOUE L 80 de 23.3.2002, 9. 35/39.

27 Hasta el momento, la normativa europea que regulaba los tiempos de trabajo -la Directiva 93/104/CE, de 23 de noviembre de 1993, relativa a determinados aspectos de la ordenación del tiempo de trabajo- no incluía en su ámbito de aplicación al sector del transporte.

28 DOUE L 102 de 11.4.2006, p. 1/14.

29 En esta materia, lo dispuesto en el Reglamento (CE) 561/2006, se completa con el Reglamento (UE) 165/2014, de 4 de febrero de 2014, relativo a los tacógrafos en el transporte por carretera (DO L 60 de 28.2.2014, p. 1/33), que pone en vigencia sus requisitos.

Asimismo, la llamada *regla de los doce días* fue introducida a través del Reglamento (CE) 1073/2009, de 21 de octubre de 2009, por el que se establecen normas comunes de acceso al mercado internacional de los servicios de autocares y autobuses[30]. Esta regla permite a los conductores posponer por doce días consecutivos su descanso semanal si se trata de un servicio de transporte internacional ocasional de viajeros, con al menos una pausa de veinticuatro horas.

Para completar el marco normativo general en la materia, en relación con el tiempo de trabajo y su cumplimiento, debemos acudir a reseñar las Directivas 2002/15/CE, de 11 de marzo de 2002, ya mencionada, 2006/22/CE, de 15 de marzo de 2006[31] y, 2020/1057, de 15 de julio de 2020[32].

En otro orden de ideas, los transportistas de un tercer país no perteneciente a la Unión Europea, que pretendan desarrollar su actividad en el espacio común de esta, deben estar en posesión de un certificado de conductor, medida esta que será de aplicación tanto al transporte por carretera como al cabotaje. Esta concreta exigencia fue establecida por el Reglamento (CE) 84/2002, de 1 de marzo de 2002, con el objeto de garantizar que las contrataciones de conductores de terceros países se ajustaban a la normativa aplicable en cada Estado miembro, evitando, de esta forma, la realización de trabajos en condiciones laborables desfavorables, que podrían perjudicar la libre competencia y la seguridad. El reglamento citado fue sustituido por el Reglamento (CE) 1072/2009, de 21 de octubre de 2009[33], que ha venido a reforzar la seguridad jurídica de los transportistas.

En fin, todos los anteriores reglamentos citados, han sido sustituidos, en la actualidad, por el Reglamento (UE) 2020/1055 del Parlamento Europeo y del Consejo, de 15 de julio de 2020[34], con el objetivo de conseguir adaptarlos a la evolución del sector del transporte por carretera. Consideramos que, este nuevo texto normativo resulta ser consecuencia de la adopción por la Comisión Europea del conocido como Paquete de Movilidad I, con el que se pretenden garan-

30 DOUE L 300 de 14.11.2009, p. 88/105.

31 DOUE L 102 de 11.4.2006, p. 35/44.

32 DOUE L 249 de 31.7.2020, p. 49/65.

33 DOUE L 300 de 14.11.2009, p. 72/87.

34 DOUE L 249 de 31.7.2020, p. 17/32.

tizar unas condiciones de competencia equitativa, simplificar las normas existentes, y preservar el mercado interior de la Unión, protegiendo a la vez los derechos de los trabajadores que operan en el sector. En este sentido, se han introducido cambios en cuatro ámbitos distintos: en la regulación de los vehículos ligeros, el cabotaje y la ejecución, así como en adoptar medidas para frenar la actividad de las sociedades ficticias.

B) La armonización fiscal en el transporte por carretera. Normativa sobre emisiones.

El uso de las carreteras dentro de la Unión Europea comporta, en la mayoría de los casos, la aplicación de determinados gravámenes a los transportistas. Esta materia se intentó regular por la Directiva 93/89/CEE, que fue anulada por la sentencia del TJUE de 5 de julio de 1995, *Parlamento Europeo c. Consejo de la Unión Europea,* asunto C-21/94, por el incumplimiento del requisito de consultar en debida forma al Parlamento Europeo y por motivos de seguridad jurídica. Así, será la Directiva 1999/62/CE, de 17 de junio de 1999, sobre la aplicación de gravámenes a los vehículos pesados de transporte de mercancías por la utilización de determinadas infraestructuras[35], la que vendría a regular la materia.

En concreto, la expresada Directiva vino a armonizar las condiciones que permiten a los Estados miembros establecer impuestos, peajes y tasas a los usuarios, y que resultan aplicables a las mercancías transportadas por carretera. Es conocida como *Directiva Euroviñeta* y, podemos decir que, todavía actualmente, continúa siendo la referencia en lo que respecta al tema de la tarificación por uso de infraestructuras en el transporte por carretera. Sin embargo, unos años más tarde, la citada disposición normativa fue modificada en 2006 y en 2011[36]. Su importancia radica en la aplicación del principio *quien contamina paga* y en la internalización de los costes externos, así como en garantizar que las tasas reflejen los costes generados.

Con posterioridad, a través del Programa *Europa en Movimiento* de la Comisión Europea, publicado en 2017, se presentaron dos nuevas iniciativas para modificar la Directiva

---

35 DOUE L 187 de 20.7.1999, p 42/50.

36 Por las Directivas 2006/38/CE, de 17 de mayo de 2006 y 2011/76/UE, de 27 de septiembre de 2011.

Euroviñeta. Una de estas iniciativas está relacionada con el establecimiento de impuestos sobre vehículos, mientras que, la otra propuesta, se refiere a la interoperatividad de los sistemas de telepeaje de aquellas carreteras que permiten el intercambio transfronterizo de información relativa al impago de peajes[37]. Esta última iniciativa fue plasmada finalmente en la Directiva (UE) 2019/520, de 19 de marzo de 2019[38].

Recientemente, entró en vigor la Directiva (UE) 2022/362, de 24 de febrero de 2022, que modifica tanto a la Directiva 1999/62/CE como a la Directiva (UE) 2019/520. Entre los objetivos de esta nueva normativa, se fijan: la aplicación coherente de la diferenciación de las tarifas de peaje en función de las emisiones de CO_2 —indicándose las emisiones concretas—, o la configuración de una tasa por congestión específica, entre otras. Esta tasa se pretende sea aplicable a vehículos ligeros y pesados, pudiendo calcularse a partir de los costes marginales de congestión, diferenciándose por localización, hora y categoría del vehículo.

En lo que a emisiones se refiere, el texto vigente de referencia actualmente es el Reglamento (UE) 2019/631, de 17 de abril de 2019[39], en lo que atañe a las normas sobre el comportamiento de emisiones de CO_2 de turismos nuevos y de vehículos comerciales ligeros nuevos[40]. De este modo, se pretende que, el uso de vehículos de gasolina y diésel sea cada vez menor, acelerándose la transformación del sector del transporte hacia las cero emisiones. El Reglamento diseña una reducción paulatina de las emisiones en cuatro etapas.

---

37 De acuerdo con la Directiva (UE) 2019/520, la interoperatividad es especialmente importante en aquellos sistemas de telepeaje vinculados al pago de un canon según la distancia recorrida, o al paso del vehículo por un punto concreto; por lo que se deberá aplicar únicamente a estos sistemas. Además, cabe señalar que no incluye en su ámbito de aplicación las tasas de aparcamiento, por su carácter indirecto. Asimismo, en la materia se considera necesario armonizar la tecnología utilizada, lo cual se desarrolla a través de normas abiertas y públicas adecuadas.

38 DOUE L 91 de 29.3.2019, p. 45/76.

39 DOUE L 111 de 25.4.2019, p. 13/53.

40 Con anterioridad, esta materia se regulaba por el Reglamento (CE) 443/2009 y el Reglamento (UE) 510/2011, modificados a su vez por los Reglamentos (UE) 333/2014 y 253/2014.

En concordancia con este Reglamento, con el paquete de medidas *Objetivo 55*, presentado en julio de 2021 por la Comisión, se propuso un objetivo de reducción de emisiones más ambicioso. En concreto, tal reducción debe ser al menos del 55 % para turismos y de 50 % para furgonetas, tomando como referencia los niveles de 2021.

De igual forma, en lo que a camiones y otros vehículos pesados, en junio de 2019, el Consejo adoptó una nueva propuesta[41], con el objetivo de que estos reduzcan las emisiones de dióxido de carbono de los nuevos camiones. Tal reducción debe ser de un promedio del 15 % desde 2025 y del 30 % a partir de 2030. Los fabricantes que incumplan tales objetivos, deberán pagar una multa en forma de prima por el exceso de emisiones[42].

C) Transporte de cabotaje.

Se puede definir el cabotaje terrestre como la prestación de servicios de transporte de mercancías por carretera en un Estado miembro de la Unión Europea, ejecutada por un transportista establecido o residente en un Estado miembro distinto. En otras palabras, el cabotaje se traduce en una prestación de servicios que efectúa un transportista no residente en un Estado miembro —llamado país de acogida—. De este modo, en lugar de regresar al Estado miembro del que es residente —que sería el país de establecimiento— una vez transportada la mercancía, éste realiza un transporte posterior en el país de acogida antes de tal regreso.

En sus inicios, el transporte de cabotaje estuvo regulado por el Reglamento (CEE) 3118/93 del Consejo, de 25 de octubre de 1993. La normativa establecía, como única condición para llevarlo a cabo, que la prestación del servicio fuese de carácter temporal. A posteriori, en el año 2009, se publicó y entró en vigor el Reglamento (CE) 1072/2009, p. 72/87, desplazando al Reglamento anterior y estableciendo normas comunes de acceso al mercado internacional de mercancías por carretera. En concreto, vino a suponer el abandono de la noción de cabotaje general en favor del cabotaje consecutivo. Este último se refiere a la posibilidad de realizar hasta

41 *Vid.:* https://data.consilium.europa.eu/doc/document/PE-60-2019-INIT/es/pdf. Última consulta el 24 de julio de 2022.

42 *Vid.:* https://www.consilium.europa.eu/es/policies/clean-and-sustainable-mobility/. Última consulta el 24 de julio de 2022.

tres transportes de cabotaje consecutivos a un transporte internacional procedente de otro Estado miembro o de un tercer país, y con destino al Estado miembro de acogida (artículo 8, apartado 2 del Reglamento en cuestión).

Además, se deben cumplir unos requisitos mínimos, a saber: tratarse de empresas de transporte con sede en la Unión; contar con una licencia comunitaria válida; que se haya realizado un transporte trasfronterizo con descarga completa en un país de la Unión Europea distinto al de establecimiento; que se utilice el mismo vehículo y, finalmente, que se cuente con la documentación que refiera la realización del transporte internacional y de cada uno de los transportes de cabotaje.

Asimismo, cabe mencionar que, el Reglamento (CE) 1072/2009 fue modificado en el año 2020, a raíz del paquete de movilidad aprobado el verano de ese año. De esta forma, desde el 21 de febrero de 2022 están en vigor las modificaciones que introduce el Reglamento (UE) 2020/055, del Parlamento Europeo y del Consejo, de 15 de julio de 2020[43], con el que se pretende adaptar la normativa en la materia a la evolución del sector del transporte por carretera.

D) Los derechos de los viajeros de autobús y autocar.

En lo que a derechos de los viajeros se refiere, desde el 1 de marzo de 2013, fecha en la que entró en vigor, contamos con el Reglamento (UE) 181/2011, de 16 de febrero de 2011[44]/[45]. En síntesis, el Reglamento regula aspectos relativos al transporte en autobús y autocar pertenecientes a los servicios regulares[46] para viajeros cuyo desplazamiento por la Unión sea de 250 kilómetros o más[47].

---

43 DOUE L 249 de 31.7.2020, p. 17/32.

44 DOUE L 55 de 28.2.2011, p. 1/12.

45 El Reglamento se aplica sin afectar los derechos que la Directiva (UE) 2015/2302, de 25 de noviembre de 2015, relativa a los viajes combinados y a los servicios de viaje vinculados (DOUE L 326 de 11.12.2015, o. 1/33) confiere a los viajeros.

46 El término servicios regulares hace referencia a los servicios ordinarios que trasladan a los usuarios por itinerarios determinados, con paradas de recogida y depósito que están previamente fijadas.

47 Si la distancia fuera inferior a 250 kilómetros, se aplicarán solo algunas disposiciones del Reglamento, que aparecen recogidas en el artículo 2.2 del mismo.

Confiere derechos a todos los viajeros, incluidos los que tengan discapacidad o movilidad reducida. En su contenido, incluye el derecho a la información y el derecho a la indemnización en los supuestos de cancelación o retrasos, así como un compendio de derechos similares a los que gozan viajeros de otros medios de transporte. De este modo, se pretende garantizar un elevado nivel de protección de los viajeros —que también son consumidores—, teniendo en cuenta, asimismo, que este sector está formado, en su mayor parte, por pequeñas y medianas empresas.

Para aquellos recorridos cuyas distancias sean de 250 kilómetros o más, se deberá garantizar a los pasajeros lo siguiente:

- Asistencia específica gratuita para personas con discapacidad y movilidad reducida.
- Información en caso de cancelación o retraso.
- Protección si el viajero sufre lesiones personales, pérdida o daños por accidente.
- Indemnización en caso de fallecimiento.
- En supuestos de cancelación o retraso en la salida de más de 120 minutos para viajes de más de 3 horas, se debe brindar una asistencia adecuada, pudiendo consistir esta en aperitivos, comida o alojamiento de un máximo de dos noches de hotel.
- Recorrido alternativo o reembolso si hay cancelación o sobrereserva, o también, por retrasos de más de 120 minutos.
- Indemnización del 50 % del precio del billete por retrasos de más de 120 minutos, cancelación o inobservancia del deber de ofrecer un recorrido alternativo o reembolso.

A mayor abundamiento, ya mencionamos que, en algunos supuestos, el Reglamento se aplica a distancias inferiores a 250 kilómetros. En estos casos, debe observarse cuanto sigue:

- La no discriminación por nacionalidad en lo referido a tarifas y condiciones contractuales.
- El trato no discriminatorio a personas con discapacidad o movilidad reducida e indemnización si sufren una pérdida o daño de su equipo de movilidad en caso de accidente.

- Normas mínimas de información sobre el viaje, antes y durante éste, así como por Internet.
- La existencia de un mecanismo para la tramitación de reclamaciones.

En los últimos años, como consecuencia de la pandemia provocada por el COVID-19, la Comisión Europea adoptó dos actos que afectan a los derechos de los viajeros. Por una parte, habría que destacar la Comunicación «Directrices interpretativas sobre los Reglamentos de la Unión Europea en materia de derechos de los pasajeros, en el contexto de la situación cambiante con motivo de la COVID-19»[48], aplicable a todos los tipos de transporte. Además, se dictó la Recomendación (UE) 2020/648, de 13 de mayo de 2020, relativa a los bonos ofrecidos a los pasajeros y a los viajeros como alternativa al reembolso de viajes combinados y servicios de transporte cancelados en el contexto de la pandemia de COVID-19[49]. Ambas disposiciones reseñadas tuvieron por finalidad servir como guías frente a la situación comentada relativa a la existencia de la pandemia.

5.1.2. El transporte ferroviario

Otra de las modalidades del transporte terrestre que, sin duda, cobra cada día más relevancia, es el transporte ferroviario[50]. Su base jurídica la encontramos en el artículo 100, apartado 1 del TFUE. En esta materia, la Unión Europea se ha propuesto como objetivo, la creación de un espacio ferroviario europeo único, para lo cual se toman medidas que permitan la reestructuración del mercado, el aumento de la competitividad, el desarrollo de infraestructuras que garanticen la interoperatividad o la garantía de precios justos a los consumidores.

48 DOUE C 89I de 18.3.2020, p. 1/8.

49 DOUE L 151 de 14.5.2020, p. 10/16.

50 Solo a modo de ejemplo, en el período de 1995 a 2018, se ha mantenido estable el porcentaje de movilidad de viajeros por ferrocarril, siendo del 6.9%. Además, la satisfacción de éstos es elevada, situándose en una media del 74.9% en 2017. Para más información, *vid.:* https://www.consilium.europa.eu/es/policies/single-eu-railway-area/. Última consulta: 20 de agosto de 2022.

El sector ferroviario se abrió a la competencia en el año 2001, tras lo cual fueron aprobados, en los diez años siguientes, tres paquetes de medidas y una versión refundida. Con el objetivo de completar el espacio ferroviario europeo único, relativos al pilar técnico y pilar del mercado, se aprobó un cuarto paquete de medidas[51].

A) Normativa de interés.

La armonización en la materia ha tenido que hacer frente, fundamentalmente, a dos obstáculos: la complejidad de los sistemas ferroviarios nacionales —que se traduce en una gran fragmentación— y la escasa flexibilidad, eficiencia y fiabilidad del servicio.

La legislación se compone de cuatro paquetes legislativos que se refieren a materias diversas: liberalización del mercado, concesión de licencias a empresas, certificaciones de maquinistas, seguridad o derechos de los viajeros. El último de estos paquetes ferroviarios entró en vigor en 2021, y está compuesto por seis actos legislativos sobre la apertura del mercado ferroviario y el refuerzo de la competitividad.

Haciendo un repaso de la normativa, puede advertirse que, la Unión Europea, en su misión de crear un tránsito fluido y seguro de los trenes que circulan entre los Estados miembros, dictó la Directiva 96/48/CE, de 23 de julio de 1996, relativa a la interoperatividad del sistema ferroviario transeuropeo de alta velocidad[52] y la Directiva 2001/16/CE, de 19 de marzo de 2001, relativa a la interoperatividad del sistema ferroviario transeuropeo convencional[53]. Posteriormente, ambas directivas fueron ampliadas, de modo que se comenzaron a aplicar a toda la red ferroviaria convencional europea, con el objetivo de conseguir una apertura total de la misma[54]. Tras varias modificaciones y una refundición, en la actualidad, la normativa en vigor viene expresada en la Directiva (UE) 2016/797, de 11 de mayo de

51 *Vid.:* Molina del Pozo, C.F.: *Derecho de la Unión Europea*, 7.ª edición, Editorial Reus, Madrid, 2023, p. 432.

52 DOUE L 235 de 17.9.1996, p. 6/24.

53 DOUE L 110 de 20.4.2001, p. 1/27.

54 Normativa modificada por la Directiva (UE) 2004/50/CE, de 29 de abril de 2004. DOUE L 164 de 30.4.2004, p. 114/163.

2016, sobre la interoperatividad del sistema ferroviario dentro de la Unión Europea[55].

En otro orden de ideas, podemos apreciar que, desde el año 2007, el transporte nacional e internacional de mercancías está abierto a la competencia. Tal apertura supuso la definición de nueve corredores ferroviarios europeos de mercancías competitivos[56], cuya misión consistía en el desarrollo de una red europea competitiva de transporte de mercancías por ferrocarril, con buenas condiciones de circulación y el paso fácil de una red nacional a otra.

En el año 2013, se aprueba el Reglamento (UE) 1316/2013, de 11 de diciembre de 2013, por el que se crea el Mecanismo «Conectar Europa»[57], para acelerar la inversión en las redes transeuropeas y maximizar la conexión entre sectores como el transporte, las telecomunicaciones y la energía. Por su parte, con el llamado cuarto paquete ferroviario, se aprobaron reglamentos de diversa índole. Entre ellos, los que citamos a continuación:

- Reglamento (UE) 2016/2337, de 14 de diciembre de 2016, (DOUE L 354 de 23.12.2016, p. 20/21) con el que entraron en vigor normas para la normalización de las cuentas de las empresas ferroviarias.
- Reglamento (UE) 2016/2338, de 14 de diciembre de 2016, (DOUE L 354 de 23.12.2016, p. 22/31) que vino a modificar el Reglamento (CE) 1370/2007, en relación con los servicios nacionales de transporte de viajeros por ferrocarril y su apertura.

Mención especial merece, por su importancia para el desarrollo del transporte ferroviario, el Libro Blanco «Hoja de ruta hacia un espacio único europeo de transporte: por una política de transportes competitiva y sostenible»[58]. Así, menciona el documento la necesidad de garantizar un cambio estructural para que el ferrocarril pueda competir eficazmente y absorba una buena parte de carga de media y larga distancia, tanto de

55 DOUE L 138 de 26.5.2016, p. 44/101.

56 A través del Reglamento (UE) 913/2010, de 22 de septiembre de 2010, sobre una red ferroviaria europea para un transporte de mercancías competitivo. DOUE L 276 de 20.10.2010, p. 22/32.

57 DOUE L 348 de 20.12.2013, p. 129/171.

58 COM (2011) 0144 final.

mercancías como de pasajeros. Además, la Comisión Europea propuso como meta para el año 2050, que la mayor parte del transporte de pasajeros de media distancia se hiciera por ferrocarril. Asimismo, para el año 2030, deberá estar triplicada la red de alta velocidad y se debe mantener una red ferroviaria densa en todos los Estados miembros. A ello se debe añadir lo preceptuado para el sector ferroviario por la Estrategia de Movilidad Sostenible e Inteligente, de diciembre de 2020, que parte del Pacto Verde Europeo. De este modo, se pretende que el tráfico ferroviario de alta velocidad se duplique de aquí al año 2030.

Por último, cabe mencionar al Sistema Europeo de Gestión de Tráfico Ferroviario, con el que la Unión Europea pretende dotar de seguridad y eficiencia al transporte ferroviario, garantizando la seguridad al restringir la velocidad y señalización.

B) La Agencia de Ferrocarriles de la Unión Europea (European Union Agency for Railways (EUAR).

La Agencia de Ferrocarriles de la Unión Europea, anteriormente denominada Agencia Ferroviaria Europea, fue creada por el Reglamento (CE) 881/2004, del Parlamento Europeo y del Consejo, de 29 de abril de 2004[59]. Tiene su sede en Valenciennes y Lille, en Francia.

Entre sus objetivos se puede citar su contribución, en el plano técnico, a la implementación de la legislación europea, con el objeto de mejorar la posición en el mercado del sector ferroviario europeo frente a otros modos de transporte. Además, facilita la integración de las redes ferroviarias europeas, para que los trenes sean más seguros y puedan circular libremente por todo el territorio de la Unión Europea, sin necesidad de detenerse en las fronteras de los diferentes Estados miembros.

La Agencia no tiene capacidad normativa para colaborar con el sector ferroviario, las autoridades nacionales, las instituciones de la Unión u otros organismos, en el desarrollo de normas técnicas comunes y económicamente viables. Su misión consiste en la elaboración de estudios sobre la seguridad del ferrocarril en la Unión Europea o la creación de unas normas de señalización uniformes en toda Europa. En su labor, emite recomendaciones y propuestas legislativas,

59 DOUE L 164 de 30.4.2004, p. 1/43.

dirigidas a la Comisión Europea. Tales propuestas son generadas previa consulta del sector ferroviario en los distintos Estados miembros.

En la actualidad, tras la sustitución del Reglamento (CE) 881/2004 por el Reglamento (UE) 2016/796, de 11 de mayo de 2016[60], la Agencia es la única instancia con competencia para emitir autorizaciones de vehículos —locomotoras y vagones— para actividades transfronterizas, y los certificados de seguridad únicos para empresas ferroviarias.

Por su parte, la AESF (Agencia Europea de Seguridad Ferroviaria) participa también, en calidad de experto, en el Comité RISC (Comité de Interoperabilidad y Seguridad Ferroviaria (Rail Interoperability and Safety Committee, RISC)) de la Comisión Europea. En este Comité, compuesto por representantes de los Estados miembros, la Comisión Europea asistida por la Agencia de Ferrocarriles de la Unión Europea, presenta, una vez aprobados por votación de estos, los textos legislativos de desarrollo de directivas que abordan materias como la interoperatividad ferroviaria, la seguridad o los trabajadores maquinistas.

C) El Derecho social en materia de transporte ferroviario.

En materia de derechos de los trabajadores del sector de transporte ferroviario son dos las directivas que operan con carácter general. La primera de ellas en el tiempo es la Directiva 2005/47/CE, del Consejo, de 18 de julio de 2005[61], que viene a aplicar el acuerdo previo entre la Comunidad de Ferrocarriles Europeos y la Federación Europea de Trabajadores del Transporte. Esta disposición es de aplicación a los trabajadores móviles que llevan a cabo servicios de interoperatividad transfronteriza en transporte ferroviario. En concreto, se reconoce un período de descanso diario a los trabajadores de doce horas consecutivas, así como pausas de treinta o cuarenta y cinco minutos, limitándose el tiempo de conducción diaria a nueve horas, si el trabajo es diurno, y ocho horas, si fuese nocturno[62].

---

60 DOUE L 138 de 26.5.2016, p. 1/43.

61 DOUE L 195 de 27.7.2005, p. 15/17.

62 *Vid.:* https://eur-lex.europa.eu/ES/legal-content/summary/cross-border-train-crews-working-conditions.html. *Última consulta: 20 de agosto de 2022.*

La segunda directiva aplicable en la materia es la Directiva 2007/59/CE, de 23 de octubre de 2007[63], con la que se armonizan los requisitos de cualificación y certificación de los maquinistas de locomotoras y trenes en toda la Unión. Así, se prevé el reconocimiento mutuo de títulos y la formación complementaria armonizada con la que debe contar el maquinista.

D) Los derechos de los usuarios del transporte ferroviario.

En el ámbito de los derechos de los usuarios del transporte ferroviario, la normativa europea de aplicación es el Reglamento (UE) 2021/782, de 29 de abril de 2021[64], que vino a refundir las disposiciones del anterior Reglamento (CE) 1371/2007. Con este texto reseñado, se pretende mejorar la protección de los viajeros de ferrocarril en los supuestos de perturbación del servicio, así como mejorar la asistencia a las personas con discapacidad y movilidad reducida[65], de suerte que, las medidas adoptadas y reglas en la materia, se adapten mejor a las disposiciones contenidas en los artículos 11, 12 y 14 del TFUE.

El Reglamento citado, va a ser de aplicación a los viajes por ferrocarril, tanto internacionales como nacionales en el contexto de la Unión Europea, prestados por una o varias empresas ferroviarias. Debemos destacar, como una cuestión a resaltar del contenido de su texto, la referida a las exenciones, prescribiéndose que aquellas exenciones existentes quedarán restringidas, de modo que ningún servicio ferroviario quede exento por sí mismo. En este sentido, los Estados miembros pueden conceder algunas exenciones en algunos campos, como los servicios urbanos y regionales de transporte de pasajeros.

La citada disposición, incluye un compendio de aspectos novedosos con los que se pretende adecuar la legislación en la materia a los tiempos actuales. Entre ellos, la exigencia

63 DOUE L 315 de 3.12.2007, p. 51/78.

64 DOUE L 172 de 17.5.2021, p. 1/52.

65 Las personas con discapacidad y movilidad reducida cuentan además con el Reglamento (UE) 1300/2014, de 18 de noviembre de 2014, sobre la especificación técnica de interoperatividad relativa a la accesibilidad del sistema ferroviario de la Unión Europea para las personas con discapacidad y las personas de movilidad reducida DOUE L 356 de 12.12.2014, p. 110/178.

de espacios dedicados a bicicletas montadas, incluso las no plegables, en los trenes nuevos y en aquellos que hayan sido mejorados; la reducción del período de notificación previa de las solicitudes de asistencia a 24 horas para las personas con discapacidad o movilidad reducida; la prohibición de la discriminación basada en la nacionalidad de los viajeros; o, el lugar de establecimiento del transportista o proveedor del billete y operador turístico.

Adicionalmente, los administradores de infraestructuras tienen la obligación de facilitar datos en tiempo real relativos al tráfico a las empresas ferroviarias, los proveedores de billetes, los operadores turísticos y los administradores de estaciones. Asimismo, las empresas deben brindar información dinámica del estado atmosférico y la meteorología, en tiempo real, a otras empresas que vendan sus billetes, a los proveedores de billetes y a los operadores turísticos.

De producirse la existencia de algún tipo de perturbación del viaje y, el transportista no ofrecer a los pasajeros una solución en un plazo de 100 minutos, los mencionados pasajeros podrán organizar, ellos mismos, un transporte público alternativo en tren o autobús, debiendo el transportista reembolsar el coste del billete adicional. Ahora bien, si nos encontramos ante circunstancias extraordinarias —como condiciones meteorológicas adversas o una pandemia—, la obligación de hacer frente a indemnizaciones a los viajeros por las empresas ferroviarias se exceptúa, de modo que no tendrán que correr con tal gasto.

Por último, podemos indicar que, con el reiterado Reglamento, se introduce un marco de ejecución mejorado en varios aspectos. Así, se mejora el mecanismo de tramitación de reclamaciones, se articula una obligación reforzada de cooperación entre organismos nacionales de ejecución y, se crea un formulario normalizado para toda la Unión Europea, el cual permite a los pasajeros solicitar el reintegro de su billete o una indemnización.

5.2. Transporte aéreo

A) Datos generales.

Tradicionalmente, la normativa que regulaba el transporte aéreo venía establecida por las autoridades nacionales. Esta realidad cambió con la creación, en la década de 1990, del Mercado Único de la Aviación. Desde entonces, su transformación ha sido importante y su papel en el crecimiento de la economía europea fundamental. Actualmente, su base jurídica la encontramos en el artículo 100.2 del TFUE.

La regulación del sector de la aviación en la Unión Europea garantiza la uniformidad de derechos y oportunidades de acceso a servicios, tanto a compañías europeas como de terceros países. Asimismo, las normas nacionales en materia de seguridad técnica han sido sustituidas por normas comunes. De este modo, se protege en mejor medida a los pasajeros y a las propias aeronaves, lo que, a su vez, dota de fiabilidad al sector. En materia de seguridad, en el año 2002, se creó la Agencia de la Unión Europea para la Seguridad Aérea (AESA), cuya función principal consiste en velar por la seguridad y la protección del medio ambiente en el sector de la aviación civil en Europa[66].

Es de destacar el hecho por el que, en la Unión Europea, con el objetivo de garantizar la igualdad de condiciones de competencia, son aplicables al transporte aéreo las normas relativas a las ayudas estatales y a la competencia.

En otro orden de ideas, a modo de resumen histórico, cabe señalar que, el transporte aéreo ha sido regulado, desde el Acta Única Europea en 1986, a través de paquetes de medidas. Con el primer paquete de medidas —en 1987— y el segundo —en 1990—, comenzó la flexibilización de las normas sobre tarifas y capacidades. En 1992, con el tercer paquete de medidas, fueron eliminadas todas las restricciones comerciales para las líneas aéreas europeas, estableciéndose así el Mercado Único Europeo de la Aviación[67]. Además, se estableció como principio básico, que las compañías aéreas comunitarias pudieran determinar libremente las tarifas para mercancías y viajeros, así como la posibilidad de acceso a cualquier ruta interior de la Unión Europea sin requerir de autorización.

66 *Vid.:* https://european-union.europa.eu/institutions-law-budget/institutions-and-bodies/institutions-and-bodies-profiles/easa_es. Última consulta el 21 de agosto de 2022.

67 Este tercer paquete de medidas fue sustituido por el hoy todavía vigente Reglamento (CE) 1008/2008, de 24 de septiembre de 2008, sobre normas comunes para la explotación de servicios aéreos en la Comunidad. DOUE L 293 de 21.10.2008, p. 3/20.

Los requisitos que se impusieron en este momento a las compañías para permitirles operar eran: 1) su propiedad debía ser de un Estado miembro, así como su control; 2) su lugar de actividad debía estar en un Estado miembro; 3) una situación financiera adecuada; 4) contar con un seguro de responsabilidad en caso de accidente; y, 5) la capacidad profesional[68] y organización para garantizar la seguridad.

Por otra parte, en lo que a responsabilidad de las compañías aéreas se refiere, opera desde el año 1998, el Reglamento (CE) 2027/97, de 9 de octubre de 1997[69], que fuera modificado en el año 2002 para adaptarse al Convenio de Montreal de 1999. En consecuencia, en la actualidad, el Reglamento regula la responsabilidad de las compañías en aspectos tales como, entre otros, pérdida o deterioro del equipaje, retrasos, etc., así como todo el conjunto de posibles circunstancias relativas al ámbito de las indemnizaciones a pasajeros, originadas por diversos motivos.

Adicionalmente, debemos hacer referencia a la Zona Europea Común de Aviación (ZECA) y, también, a la llamada Iniciativa del Cielo Único Europeo (SES). En lo que se refiere a la ZECA[70], esta fue creada por un Acuerdo Multilateral entre

68 Demostrable con un certificado de explotador de servicios aéreos.

69 DOUE L 285 de 17.10.1997, p. 1/3.

70 La regulan tres textos dispositivos, hoy todos en vigor, a saber: 1) Acuerdo Multilateral entre la Comunidad Europea y sus Estados miembros, la República de Albania, la Antigua República Yugoslava de Macedonia, Bosnia y Herzegovina, la República de Bulgaria, la República de Croacia, la República de Islandia, la República de Montenegro, el Reino de Noruega, Rumanía, la República de Serbia y la Misión de Administración Provisional de las Naciones Unidas en Kosovo, sobre la creación de una Zona Europea Común de Aviación (ZECA) *—DOUE L 285 de 16.10.2006, p. 3/46—*; 2) Decisión 2006/682/CE sobre la firma y aplicación provisional del Acuerdo Multilateral entre la Comunidad Europea y sus Estados miembros, Albania, Bosnia y Herzegovina, Bulgaria, Croacia, Macedonia del Norte, Islandia, Montenegro, Noruega, Rumanía, Serbia y la Misión de Administración Provisional de las Naciones Unidas en Kosovo, sobre la creación de una Zona Europea Común de Aviación (ZECA) *—DOUE L 285 de 16.10.2006, p. ½—;* y, 3) Decisión (UE) 2018/145, de 9 de octubre de 2017, sobre la celebración del Acuerdo Multilateral entre la Comunidad Europea y sus Estados miembros, Albania, Bosnia y Herzegovina, Bulgaria, Croacia, Macedonia del Norte, Islandia, Montenegro, Noruega, Rumanía, Serbia y la Misión de Administración Provisional

la Unión Europea, sus Estados miembros, Noruega, Islandia y otros países del sudeste de Europa en el año 2006. Su objetivo consiste en aportar ventajas económicas a los pasajeros y a la industria de la aviación. Para ello, asegura el libre acceso al Mercado Único Europeo ampliado de la Aviación y garantiza el mismo nivel de protección y seguridad. A través del Acuerdo, los países firmantes se comprometen a que las aeronaves: cumplan las normas internacionales de seguridad, se coopere en la gestión del tránsito aéreo, se apliquen normas sobre competencia y ayudas estatales, así como las normas comunes básicas sobre seguridad aérea en los aeropuertos.

En cuanto al SES, su puesta en marcha tuvo lugar en el año 1999, con el objetivo de conseguir un mejor funcionamiento de la gestión del tránsito aéreo y los servicios de navegación aérea. Para lograrlo, se plantea la reducción de la fragmentación del espacio aéreo europeo. Se trata de una iniciativa abierta a los países vecinos. Las normas para su establecimiento fueron adoptadas en el año 2004, incluyendo las siguientes:

- Reglamento (CE) 549/2004 del Parlamento Europeo y del Consejo, de 10 de marzo de 2004, por el que se establece el marco para la creación del Cielo Único Europeo *(DOUE L 96 de 31.3.2004, p. 1/9).*
- Reglamento (CE) 550/2004 del Parlamento Europeo y del Consejo, de 10 de marzo de 2004, relativo a la prestación de servicios de navegación aérea en el Cielo Único Europeo *(DOUE L 96 de 31.3.2004, p. 10/19).*
- Reglamento (CE) 551/2004 del Parlamento Europeo y del Consejo, de 10 de marzo de 2004, relativo a la organización y utilización del espacio aéreo en el Cielo Único Europeo *(DOUE L 96 de 31.3.2004, p. 20/25).*
- Reglamento (CE) 552/2004 del Parlamento Europeo y del Consejo, de 10 de marzo de 2004, relativo a la interoperabilidad de la red europea de gestión del tránsito aéreo *(DOUE L 96 de 31.3.2004, p. 26/42).*

de las Naciones Unidas en Kosovo, sobre la creación de una Zona Europea Común de Aviación (ZECA) *—DOUE L 26 de 31.1.2018, p. 1/3—.*

En el año 2009, este marco se modificó a través del Reglamento (CE) n.º 1070/2009 del Parlamento Europeo y del Consejo, de 21 de octubre de 2009[71]. A ello se añade la ampliación de las normas sobre seguridad aérea, operaciones aeroportuarias y a la gestión del tráfico aéreo, además, de las normas de desarrollo y de técnicas adoptadas por la Comisión Europea. Así, se ha conseguido reestructurar el espacio aéreo europeo. Es una estrategia que aún no se ha completado, de modo que se entiende que, hasta el período 2030-2035, no lo hará[72].

Por último, en julio de 2021 la Comisión Europea adoptó medidas que se insertan en el cumplimiento del Pacto Verde Europeo. Estas disposiciones tienen como objetivo fundamental conseguir el ajuste de las políticas fiscales, energéticas, de transporte, uso del suelo y clima, para adaptarlas a las regulaciones existentes con la finalidad de poder paliar el cambio climático y proteger el medio ambiente. De esta forma, se pretende reducir las emisiones netas de gases de efecto invernadero, a un nivel al menos del 55 % hasta el año 2030. Incluye una iniciativa para eliminar los derechos de emisión gratuitos para la aviación, una propuesta de Reglamento sobre condiciones de competencia equitativas para el transporte aéreo sostenible, entre otras.

B) Transporte aéreo comercial civil.

En materia de transporte aéreo comercial, que se puede definir como una operación aérea, con fines de lucro, que transporta pasajeros, carga o correo, debemos mencionar el Reglamento (UE) 965/2012, de 5 de octubre de 2012, por el que se establecen requisitos técnicos y procedimientos administrativos en relación con las operaciones aéreas[73]. La norma define los principios que permiten alcanzar un nivel uniforme de seguridad en la aviación civil en la Unión Europea[74].

En concreto, el Reglamento se refiere a las operaciones aéreas con aviones y helicópteros —incluyendo inspecciones

71 DOUE L 300 de 14.11.2009, p. 34/50.

72 Para más información, consultar https://www.europarl.europa.eu/factsheets/es/sheet/133/el-transporte-aereo-el-cielo-unico-europeo. Última consulta el 21 de agosto de 2022.

73 DOUE L 296 de 25.10.2012, p. 1/148.

74 El Reglamento se dicta en virtud del Reglamento (CE) 216/2008, en la actualidad sustituido por el Reglamento (UE) 2018/1139.

de pista a aeronaves de operadores de otros países—, a las condiciones para la expedición, mantenimiento, modificación, limitación, suspensión o revocación de certificados de operadores de aeronaves de transporte aéreo comercial, así como a condiciones y determinados procedimientos aplicables a operaciones comerciales especializadas.

Es menester señalar que, la normativa no se aplica a otro tipo de operaciones aéreas, entre ellas las militares, aduaneras, policiales, con globos cautivos y dirigibles o con planeadores.

El citado Reglamento fue modificado, con posterioridad, por la Comisión Europea a través del Reglamento de Ejecución (UE) 2019/1387, que introdujo requisitos para el cálculo del rendimiento de aterrizaje de aviones y normas de evaluación de las condiciones de la superficie de las pistas.

Otro de los instrumentos jurídicos que operan en la materia, es el Reglamento (UE) 376/2014, de 3 de abril de 2014, relativo a la notificación, análisis y seguimiento de sucesos en la aviación civil[75]. La mencionada disposición, presenta como finalidad la mejora de la seguridad de la aviación civil. Para ello, prescribe medidas de notificación, recogida, almacenamiento, protección, intercambio, difusión y análisis de la información sobre seguridad.

Concretamente, de acuerdo con su artículo 3.1, se regulan las siguientes cuestiones: 1) la notificación de sucesos[76] que pongan en peligro, o puedan ponerlo, a una aeronave, a sus ocupantes o a un equipo o instalación que afecte a las operaciones de la aeronave; 2) el análisis y la acción consecutiva de los sucesos notificados; 3) la protección de los profesionales; 4) el uso adecuado de la información sobre seguridad recogida; 5) la integración de esa información al Repositorio Central Europeo; o, 6) la difusión de la información anonimizada a los interesados. Además, establece la obligación de los Estados miembros de designar autoridades competentes para desarrollar un mecanismo que trate los datos sobre los sucesos notificados.

En último término, el Reglamento 2018/1139, de 4 de julio de 2018, sobre normas comunes en el ámbito de la aviación

75 DOUE L 122 de 24.4.2014, p. 18/43.

76 En este sentido, se diferencia entre la notificación obligatoria – si hay un riesgo significativo para la seguridad aérea, en un compendio de categorías de sucesos-, y la voluntaria.

civil[77], viene a mejorar el rendimiento general del sector de la aviación civil, teniendo especialmente en cuenta aspectos como la protección del medio ambiente o los requisitos de aeronavegabilidad. Así, entre las materias que regula, se pueden citar las siguientes: la formación, pruebas y demás requisitos técnicos que deben cumplir los pilotos, los tripulantes de cabina de pasajeros, los controlares aéreos, y hasta —incluso—, los dispositivos de simulaciones de vuelo. Se trata, en consecuencia, de un Reglamento que aborda muchas cuestiones diferentes y capitales dentro de la aviación civil, de ahí la importancia que tiene en el sector.

C) Transporte aéreo de mercancías.

El transporte aéreo de carga es el idóneo para determinados tráficos y mercancías. Es un medio que se usa en casi todos los sectores industriales y cadenas de distribución, ya sea para el transporte de las mercancías que se comercializan en el ámbito internacional, o para el envío de muestras de las mismas mercancías o de documentos relacionados con las operaciones de comercio exterior.

Se trata de un sector muy competitivo, como ejemplo, en 1980, se transportaron vía aérea 4 millones de toneladas de carga en todo el mundo[78]. La mayor parte de mercancías se transporta en aviones de línea regular de pasajeros, por lo que podemos afirmar que, es y representa un negocio, principalmente, de las aerolíneas más grandes.

Las características fundamentales de este transporte son su rapidez y puntualidad, dado que, solo el avión puede situar una mercancía en cualquier lugar del mundo en, aproximadamente, veinticuatro horas. Además, lo caracteriza la agilidad administrativa, pues los trámites suelen ser muy ágiles, aunque de enorme existencia. La seguridad es otro de sus atractivos, ya que el avión se considera el medio de transporte más seguro y el que menos índice de siniestros registra. Por último, proporciona una amplia red de cobertura y flexibilidad, con la posibilidad de enviar mercancía a prácticamente cualquier lugar del mundo[79]. Ahora bien, cabe

77 DOUE L 212 de 22.8.2018, p. 1/122.

78 *Vid.:* Cabrera Cánovas, A.: «Transporte aéreo internacional de mercancías» en *Cuadernos básicos del ICEX*, noviembre de 2016, p. 7.

79 *Ídem*, p. 11-12.

destacar que, a su vez, es un medio de transporte muy contaminante y, en la mayor parte de las ocasiones, el más caro.

En el transporte aéreo de mercancías existen dos regímenes de explotación. Uno de ellos es el de los servicios de línea regular, correspondiendo a aquellos vuelos previstos con anterioridad, que cumplen con un horario determinado y tienen carácter estable y repetitivo. Sus condiciones son, por tanto, estandarizadas, previsibles y estables en el tiempo[80]. En cambio, el otro modo de explotación, es el de los servicios chárter, con los cuales las compañías aéreas ofrecen servicios de acuerdo con las necesidades del mercado/cliente. De este modo, sus condiciones dependen de cada operación, no siendo estables ni cíclicas y requiriendo un contrato de transporte específico.

En cuanto a la normativa europea que la regula, algunos de los reglamentos ya mencionados en el apartado anterior para la aviación civil, se aplican, asimismo, al transporte aéreo de mercancías. Así pues, el Reglamento (UE) 965/2012, que se refiere a las operaciones aéreas y el Reglamento de Ejecución (UE) 2019/1387, son igualmente aplicables en la materia. Asimismo, con el Reglamento (CE) 300/2008, de 11 de marzo de 2008, sobre normas comunes para la seguridad de la aviación[81], se regulan aspectos tales como, los controles de seguridad de la carga y el correo, con anterioridad a ser embarcados en el avión, los distintos aspectos de seguridad en los aeropuertos, etc. A esta citada disposición le complementa el Reglamento de Ejecución (UE) 2015/1998, de 5 de noviembre de 2015[82], que detalla las medidas necesarias para la aplicación de las normas comunes básicas de seguridad aérea. Por su parte, el Reglamento (CE) 1008/2008, de 24 de septiembre de 2008[83], establece normas comunes para la explotación de servicios de transporte aéreo, incluyendo la concesión de licencias a compañías aéreas y la transparencia de los precios.

El transporte aéreo de mercancías ha sido, a consecuencia de la pandemia originada por el COVID-19, uno de los sectores más afectados, a la vez que necesarios para el abaste-

80 *Ídem*, p. 16.

81 DOUE L 97 de 9.4.2008, p. 72/84.

82 DOUE L 299 de 14.11.2015, p. 1/142.

83 DOUE L 293 de 31.10.2008, p. 3/20.

cimiento. A consecuencia de ello, la Comisión Europea dio a conocer en marzo de 2020 la Comunicación «Facilitar las operaciones del transporte aéreo de mercancías durante el brote de COVID-19»[84]. En el documento, que cifra en un 35 % el valor de la carga aérea en el comercio mundial, se reconoce la afectación que las medidas adoptadas tuvo sobre el transporte aéreo, habiéndose afectado las cadenas de suministro. En este sentido, se señala la necesidad de garantizar servicios de carga aérea continuos e ininterrumpidos. Para conseguirlo, se requiere de la cooperación europea e internacional de la aviación para garantizar las mercancías. Entre las medidas que propone la Comunicación se encuentran: la eliminación temporal de las limitaciones nocturnas o restricciones de franjas horarias en aeropuertos para las operaciones esenciales de carga, facilitar el uso de las aeronaves de pasajeros para las operaciones de carga únicamente, por ejemplo, para la reubicación de la tripulación de vuelo de carga o del personal médico, la reserva por las compañías aéreas de carga y de servicios urgentes de capacidades para los bienes esenciales, entre otras.

Adicionalmente, el Reglamento de Ejecución (UE) 2021/255 de la Comisión, de 18 de febrero de 2021[85], vino a ampliar las validaciones de seguridad aérea de operadores de la cadena de suministros provenientes de terceros países. Prescribe que, con el fin de garantizar la seguridad, antes de embarcar mercancías desde un tercer país, se debe llevar a cabo un primer análisis de riesgos de las mercancías desde el 15 de marzo de 2021. Además, efectúa modificaciones en las modalidades de ejecución de determinadas normas básicas para clarificar, armonizar, simplificar y reforzar las medidas específicas de seguridad aérea para mejorar la interpretación del Reglamento (UE) 2015/1998.

D) Instalaciones aeroportuarias nacionales, intracomunitarias y de conexión con terceros países.

La red aeroportuaria mundial se ha ido conformando de forma paulatina conforme al aumento de demanda de servicios de transporte aéreo, si bien, de una manera desigual, dadas las diferencias en cuanto al desarrollo económico entre las regiones mundiales. Estos sucesos han generado la

84 DOUE C 100I de 27.3.2020, p. 1/4.

85 DOUE L 58/23 de 19.2.2021.

necesidad de que las compañías aéreas dispongan de buenas infraestructuras, además de un marco regulador de la actividad, de un mercado muy competitivo, que les permita el normal desarrollo en el ámbito internacional.

No podemos obviar el importante papel que desempeñan los aeropuertos, tanto a nivel unitario como de red. Su función deben desempeñarla con independencia de la mediatización que pudieran sufrir por factores políticos o normativos[86].

En definitiva, los aeropuertos desarrollan un papel esencial en la cadena de la aviación, ya que sirven de conexión entre las compañías aéreas, pasajeros y clientes de los servicios de transporte de mercancías. En el ámbito supranacional, la regulación de los aeropuertos está acotada a los aspectos económicos y sociales, de usuarios, seguridad, capacidad operativa, coordinación, etc., pero no dirigida específicamente a considerar al aeropuerto como componente integrante del mercado de transporte aéreo.

En el ámbito internacional, la Organización de la Aviación Civil Internacional (OACI) ha dictado las principales normas en materia de aeropuertos. Esta organización es la encargada de elaborar los principios y técnicas de la navegación aérea, así como de la promoción y desarrollo de este tipo de transporte internacional[87].

En cuanto al ámbito europeo, la normativa que regula toda la infraestructura aeroportuaria se encuentra dispersa en distintas disposiciones. Sin ánimo de exhaustividad, entre la regulación podemos encontrar los siguientes textos jurídicos:

- Reglamento (CEE) 95/93, de 18 de enero de 1993, relativo a normas comunes para la asignación de franjas horarias en los aeropuertos comunitarios (*DOUE L 14 de 22.1.1993, p. 1/6).* Este reglamento

86 Esta posible mediatización puede afectar a cuestiones como la planificación de los aeropuertos dentro del plan de transportes, la necesidad de desarrollo de aspectos urbanísticos que afecten a su capacidad o su gestión operativa.

87 Para más información, *vid.:* REGALES CRISTÓBAL, E.: «La infraestructura aeronáutica y el espacio aéreo como elementos del mercado del transporte aéreo. Su gestión, sistema normativo y Derecho comparado» (Tesis Doctoral), Universidad Autónoma de Barcelona, año 2015, pp. 137-140.

establece los criterios objetivos que permiten declarar a un aeropuerto como coordinado[88] o con horarios facilitados[89]. Además, fija como principio general para la asignación de las franjas horarias, que una compañía aérea que ha ocupado determinadas franjas aéreas durante al menos el 80 % del período de programación de verano o invierno, tiene derecho a esas mismas franjas horarias en el mismo período el año siguiente. También mencionar que, de no utilizarse suficientemente por las compañías, esas franjas se reasignarían.

- Directiva 96/67/CE del Consejo, de 15 de octubre de 1996, relativa al acceso al mercado de asistencia en tierra en los aeropuertos de la Comunidad (*DOUE L 272 de 25.10.1996, p. 36/45). La aludida Directiva regula la variedad de servicios que requieren las compañías aéreas para operar, desde mantenimiento hasta asistencia de combustible y carga o, de transporte de equipaje.*
- Directiva 2009/12/CE, de 11 de marzo de 2009, relativa a las tasas aeroportuarias (*DOUE L 70 de 14.3.2009, p. 11/16). Con ella, se crea un sistema común para regular las tasas aeroportuarias, siendo aplicable a los aeropuertos ubicados en territorio de la Unión Europea con un tráfico anual superior a lo cinco millones de pasajeros y a aquellos que registren el mayor número de pasajeros en un Estado miembro.*
- Reglamento (UE) 598/2014, de 16 de abril de 2014, relativo al establecimiento de normas y procedimientos con respecto a la introducción de restricciones operativas relacionadas con el ruido en los aeropuertos de la Unión dentro de un enfoque equilibrado *(DOUE L 173 de 12.6.2014, p. 65/78). Su objetivo fundamental se basa en la mejora del entorno sonoro de las zonas que circundan con los aeropuertos, de modo*

88 Un aeropuerto coordinado es aquel que tiene un alto nivel de congestión, superando la demanda la capacidad en un determinado período, de modo que, para aterrizar o despegar, las compañías deben tener asignada una franja horaria por el coordinador.

89 El término hace referencia a los aeropuertos donde el riesgo de congestión es alto en algún período, designándose un facilitador de horarios con el objetivo de simplificar las operaciones de las compañías.

que exista una mayor compatibilidad entre las actividades de navegación aérea y las zonas residenciales, especialmente en lo que a vuelos nocturnos se refiere.

- Reglamento de Ejecución (UE) 2019/1387 de la Comisión, de 1 de agosto de 2019, por el que se modifica el Reglamento (UE) 965/2012 en lo que respecta a los requisitos aplicables a los cálculos de la performance de aterrizaje de los aviones y a las normas para evaluar el estado de la superficie de la pista, la actualización de determinados equipos y requisitos de seguridad de las aeronaves, así como las operaciones sin aprobación operacional de alcance extendido *(DOUE L 229 de 5.9.2019, p. 1/23).*

Ahora bien, además de la normativa que emana de fuentes internacionales y comunitarias, cada Estado miembro cuenta con su propia normativa en lo que a infraestructuras aeroportuarias se refiere. Entre estas normas encontramos: la Ley 48/1960, de 21 de julio, sobre Navegación Aérea[90], que viene a ser el estatuto básico en la materia junto con la Ley de Seguridad Aérea, de 7 de julio de 2003[91], la Ley 8/2011, de 28 de abril, por la que se establecen medidas para la protección de las infraestructuras críticas[92], el Real Decreto 1161/1999, de 2 de julio, por el que se regula la prestación de los servicios aeroportuarios de asistencia en tierra[93], entre otros. Cabe recordar que toda la normativa nacional en la materia debe respetar —y hacer suya— la regulación que emana de las Instituciones europeas.

E) Derechos de los pasajeros de transporte aéreo.

En materia de derechos de los pasajeros de transporte aéreo operan varias normas que, por su relevancia, debemos mencionar. En primer lugar, ya hemos mencionado el Reglamento (CE) 2027/97, que se refiere a la responsabilidad de las compañías aéreas. De este modo, hace responsable a estas por los retrasos del equipaje, su destrucción o pérdida, si no se han tomado medidas razonables para evitarlo o cuando el daño sea por su causa. Es obligación de las compañías

90 BOE-A-1960-10905.

91 BOE-A-2003-13616

92 BOE-A-2011-7630.

93 BOE-A-1999-15529.

facilitar al pasajero una indicación escrita del límite aplicable para el vuelo, en lo que a responsabilidad se refiere. Además, deben estar asegurados hasta un nivel adecuado que garantice que las personas con derecho a indemnización reciben el importe íntegro al que tengan derecho. La responsabilidad en supuestos de lesiones o muerte del pasajero no cuenta con un límite económico previamente fijado.

Otra norma a tener en cuenta es el Reglamento (CE) 261/2004, de 11 de febrero de 2004, por el que se establecen normas comunes sobre compensación y asistencia a los pasajeros aéreos en caso de denegación de embarque y de cancelación o gran retraso de los vuelos[94]. Si se trata de una denegación de embarque, el transportista debe solicitar voluntarios que renuncien a su reserva a cambio de determinados beneficios. Si aun con voluntarios no es suficiente, el transportista podrá denegar el embarque, siempre que lo compense. Cuando exista una cancelación o denegación de embarque, los pasajeros tienen derecho al reembolso del coste del billete en siete días o a un vuelo de vuelta al primer punto de partida o conducción al destino final, a una compensación según kilómetros y atención.

En casos de retrasos, se introduce un régimen con tres tipos de penalizaciones. Para los grandes retrasos —aquellos de dos horas o más, según la distancia del vuelo— se debe ofrecer gratuitamente a los pasajeros, sin excepción y en todos los casos, comida, refrescos, dos llamadas telefónicas, télex o mensajes de fax o correos electrónicos. Si el retraso conlleva que la hora de partida prevista se retrase al día siguiente, se debe ofrecer, además, de lo anterior alojamiento en un hotel y transporte de ida y vuelta al aeropuerto. Por último, si el retraso es de cinco horas como mínimo, será el pasajero el que cuente con la facultad de elegir entre el reembolso del precio íntegro del billete y un vuelo de vuelta al primer punto de partida, de ser necesario.

Por último, mencionar el Reglamento (CE) 1107/2006, de 5 de julio de 2006, sobre los derechos de las personas con discapacidad o movilidad reducida en el transporte aéreo[95]. Esta norma viene a prohibir cualquier tipo de discriminación por parte de las compañías aéreas a la hora de negar una reserva

94 DOUE L 46 de 17.2.2004, p. 1/8.

95 DOUE L 204 de 26.7.2006, p. 1/9.

o el embarque a personas con una discapacidad o movilidad reducida. Además, representa una garantía para estos pasajeros en cuanto a la asistencia gratuita que se les debe brindar, al objeto de que puedan hacer uso del transporte aéreo en igualdad de condiciones y trato. Aun así, la disposición citada, prescribe algunas circunstancias bajo las cuales sería posible la negativa a aceptar una reserva o el embarque de estos pasajeros. Entre estas circunstancias excepcionales encontramos: el cumplimiento de los requisitos de seguridad establecidos por la legislación —para lo cual se puede exigir que el pasajero en cuestión vaya acompañado de otra persona que pueda prestarle asistencia— o, si las dimensiones de la aeronave o de sus puertas no hacen posible físicamente el embarque o transporte de estas personas. En todo caso, de concurrir alguna de estas circunstancias mencionadas, la persona afectada debe ser informada de los motivos.

6. Transporte marítimo, fluvial y de cabotaje

A) Datos generales.

Como sucede en el resto de las modalidades del transporte, la base jurídica del transporte marítimo la encontramos en el artículo 100.2 del TFUE, debiendo completarse el marco jurídico acudiendo a las normas que regulan tanto la libre competencia como la libre prestación de servicios. El inicio de su regulación se remonta al año 1986, momento en el que se dicta el primer paquete legislativo en la materia. Compuesto por tres reglamentos[96], estas normas abordaron temas como, las restricciones a los armadores de la Unión

96 Los reglamentos de este primer paquete de medidas eran: Reglamento (CEE) 4055/86, del Consejo, de 22 de diciembre de 1986, relativo a la aplicación del principio de libre prestación de servicios al transporte marítimo entre Estados miembros y entre Estados miembros y países terceros (DOUE L 378 de 31.12.1986, p. 1/3); Reglamento (CEE) 4057/86, del Consejo, de 22 de diciembre de 1986, relativo a las prácticas de tarifas desleales en los transportes marítimos (DOUE L 378 de 31.12.1986, p. 14/20); y, Reglamento (CEE) 4056/86, del Consejo, de 22 de diciembre de 1986, por el que se determinan las modalidades de aplicación de los artículos 85 y 86 del Tratado a los transportes marítimos (DOUE L 378 de 31.12.1986, p. 4/13). De ellos, los dos primeros aún continúan vigentes, mientras que, el tercero fue sustituido con posterioridad.

Europea, las prácticas con tarifas desleales y las medidas para hacer frente al proteccionismo de terceros países. El segundo paquete de medidas se adoptó en 1992 con normas sobre la liberalización progresiva del cabotaje nacional.

En el año 1997 vio la luz el Libro Verde de la Comisión Europea sobre los puertos y las infraestructuras marítimas[97], con el que se realizó una revisión del sector. Con este documento, se hicieron patentes los problemas relativos a las tasas portuarias y a la organización del mercado. Posteriormente, en el año 1997, la Comisión autorizó a los Estados miembros a configurar ayudas estatales para el sector marítimo. Tales normas de autorización se transformaron en 2004 en directrices revisadas sobre ayudas estatales.

Para el año 2009, la Comisión Europea adoptó la Comunicación «Objetivos estratégicos y recomendaciones para la política de transporte marítimo de la Unión Europea hasta 2018»[98]. En la mencionada Comunicación, se recogieron algunos de los temas que debían abordarse en los años venideros, como el papel del transporte marítimo en los mercados mundializados y la creciente presión competitiva, la necesidad de conseguir a largo plazo que el sector pudiera desarrollar su actividad sin residuos ni emisiones, con una mejora de la seguridad marítima, la creación de un espacio europeo marítimo sin fronteras y el despliegue total de proyectos para crear autopistas del mar en la Unión Europea, etc.[99]

En relación con la liberalización de los servicios portuarios, en el año 2013, la Comisión emitió la Comunicación «Puertos: motor de crecimiento»[100], así como una propuesta de Reglamento para crear un marco sobre el acceso al mercado de los servicios portuarios y la transparencia financiera de los puertos[101]. En el año 2017, se adoptó el Reglamento (UE) 2017/352, de 15 de febrero de 2017[102], por el que, finalmente, se crea ese marco de acceso, estableciéndose así condicio-

---

97 COM/ 1997/ 678.

98 COM/ 2009/ 0008 final.

99 *Vid.:* Molina del Pozo, C.F.: *Derecho de la Unión ... (ob. cit.)*, p. 435.

100 COM/2013/0295.

101 COM/2013/0296.

102 DOUE L 57 de 3.3.2017, p. 1/18.

nes de competencia equitativas en el sector, protegiendo a los operadores portuarios contra la incertidumbre y creando un clima favorable para atraer inversiones públicas y privadas que operen eficientemente.

Como consecuencia del Pacto Verde Europeo y del paquete de medidas «Objetivo 55», se han realizado propuestas que afectan de forma total o parcial al transporte marítimo. Entre ellas cabe destacar la propuesta para incluir las emisiones del sector en el régimen de comercio de derechos de emisión de la Unión Europea, la iniciativa para revisar el Reglamento sobre la implantación de una infraestructura para los combustibles alternativos, de modo que se exija el acceso a un suministro de electricidad limpio en los puertos para los buques, así como la propuesta sobre el uso de combustibles renovables e hipocarbónicos en el sector.

Con la llegada de la pandemia originada por el COVID-19, desde la Unión Europea se dictaron algunas disposiciones para hacer frente a esta situación que afectaban al sector marítimo. Así, con el Reglamento (UE) 2020/698, de 25 de mayo de 2020[103], sobre renovación y prórroga de determinados certificados, permisos, licencias y autorizaciones, se prorrogó la validez de tales disposiciones durante otros diez meses, si su fecha de expiración estaba comprendida entre el 1 de septiembre de 2020 y el 30 de junio de 2021; mientras que, con el Reglamento (UE) 2020/697, de 25 de mayo de 2020[104], se permitió flexibilizar el cobro de las tasas por infraestructuras portuarias.

A continuación, pasamos a detallar algunas cuestiones sobre el transporte marítimo que, sobre la base de su importancia en la materia, se nos antoja que merecen un tratamiento más detallado.

B) Instalaciones portuarias intracomunitarias y nacionales.

La normativa que afecta a las instalaciones portuarias intracomunitarias, parte del que se considera uno de los tratados internacionales más importantes en el sector, el Convenio Internacional para la seguridad de la vida humana en el mar (Convenio SOLAS[105]), cuya adopción tuvo lugar el 1

103 DOUE L 165 de 27.5.2020, p. 10/24.

104 DOUE L 165 de 27.5.2020, p. 7/9.

105 *Vid.:* Convenio internacional para la seguridad de la vida humana en

de noviembre de 1974, entrando en vigor el 25 de mayo de 1980.

Pues bien, este Convenio fue modificado a raíz de los atentados del 11 de septiembre de 2001 en Estados Unidos, en la Conferencia de los Gobiernos Contratantes del SOLAS, que tuvo lugar en diciembre de 2002. El resultado fue la adopción del Código internacional para la protección de los buques y de las instalaciones portuarias (Código PBIP), cuyo objetivo es el establecimiento de un marco internacional marítimo de cooperación, que permita detectar las posibles amenazas y adoptar las oportunas medidas preventivas[106].

Puede mantenerse que, el Código PBIP es, actualmente, la base fundamental del régimen de protección obligatoria para el transporte marítimo internacional. Se divide en dos secciones: la Parte A, de carácter obligatoria, contiene la regulación de las variadas prescripciones a seguir, con el fin de garantizar la seguridad portuaria y marítima por los países firmantes; y, la Parte B, que contiene directrices y recomendaciones sobre el cumplimiento de la Parte A.

Adoptando este Convenio en el ámbito europeo, se dictó el Reglamento (CE) 725/2004, de 31 de marzo de 2004[107], con el que se buscaba mejorar la protección de los buques y las instalaciones portuarias. Para ello, la citada disposición de la Unión Europea, eleva a la categoría de obligatorias las orientaciones de la Parte B del Código PBIP e invita a los Estados miembros a concertar acuerdos de protección para el tráfico marítimo intracomunitario regular por rutas fijas, que hagan uso de instalaciones portuarias específicas[108].

el mar, 1974 (Convenio SOLAS). Disponible en: https://www.imo.org/es/About/Conventions/Pages/International-Convention-for-the-Safety-of-Life-at-Sea-(SOLAS)%2C-1974.aspx última consulta el 3 de enero 2022.

106 *Vid.:* Código Internacional para la protección de los buques y de las instalaciones portuarias (Código PBIP), adoptadas el 12 de diciembre de 2002, mediante Resolución 2 de la Conferencia de Gobiernos contratantes del Convenio Internacional para la Seguridad de la Vida Humana en el Mar, 1974. Disponible en: https://www.imo.org/es/OurWork/Security/Pages/SOLAS-XI-2%20ISPS%20Code.aspx. Última consulta el 9 de septiembre de 2022.

107 DOUE L 129 de 29.4.2004.

108 Ya en el Libro Verde sobre los puertos y las infraestructuras marítimas del año 1997, ya mencionado, se incitaba a los Estados miembros a

Con la Directiva 2005/65/CE, de 26 de octubre de 2005[109], se pretendió mejorar la seguridad en los puertos a través de la fijación de reglas básicas comunes sobre medidas de protección portuaria —con un mecanismo de aplicación— y otros mecanismos adecuados para vigilar el cumplimiento de las aludidas normas. La Directiva estableció niveles de protección, de acuerdo con el riesgo percibido (normal, elevado o inminente), imponiendo a los Estados miembros la obligación de comunicar el nivel de protección vigente en cada puerto y sus modificaciones. Además, dicha Directiva, vino a completar el marco normativo iniciado por el Reglamento (CE) 725/2004, ya citado.

Por otra parte, la Comunicación de la Comisión «Puertos: motor de crecimiento»[110], del año 2013, cifra en más de 1200 los puertos con los que cuenta la Unión, repartidos en más de 70.000 km de costa. Para ese año, un 74 % de las mercancías comercializadas con terceros países pasaban por puertos, así como 385 millones de pasajeros y un 37 % del tráfico de mercancías dentro de la Unión Europea[111].

Entre los desafíos a los que las instalaciones debían hacer frente en un futuro, la mencionada Comunicación citaba el aumento en un 50 % de los volúmenes de carga hasta el año 2030, la tendencia a los buques de mayor tamaño y las congestiones en los puertos más eficientes. Sobre la base de estas aludidas circunstancias, es por lo que se traza una estrategia con la que pretende: 1) conectar los puertos a la red transeuropea —con una planificación de infraestructuras más integradas—; 2) atraer inversiones para modernizar los servicios de los puertos; y, 3) la mejora del perfil ambiental.

Cabe destacar, asimismo, la Directiva (UE) 2019/883, de 17 de abril de 2019[112]. Con esta disposición, centrada en los desechos generados por buques, se deja en manos de los Estados miembros la garantía de que las instalaciones portuarias puedan recibir las cantidades y tipos de desechos que

cooperar en este sentido con terceros países.

109 DOUE L 310 de 25.11.2005, p. 28/39.

110 COM/2013/295 final.

111 *Vid.:* «Los puertos marítimos de Europa en el horizonte 2030: retos futuros». Disponible en: https://ec.europa.eu/commission/presscorner/detail/es/MEMO_13_448. Última consulta el 3 de enero de 2022.

112 DOUE L 151 de 7.6.2019, p. 116/142.

generen los buques que normalmente utilicen ese puerto, no se generen demoras ni se apliquen tarifas excesivas que desincentiven su uso y se gestionen los desechos de forma respetuosa con el medio ambiente. Además, en virtud de la aludida Directiva, los buques deberán pagar una tarifa indirecta que permita cubrir los costes, otorgándoles desde ese momento el derecho de entregar sus desechos en un puerto. Podrá aplicarse una tarifa directa adicional en los supuestos en los que un buque entregue una cantidad excepcional de desechos, con el objetivo de evitar que tal entrega suponga una carga desproporcionada para el sistema de recuperación de costes de un puerto.

En otro orden de ideas, la normativa sobre instalaciones portuarias en la Unión Europea no solo viene determinada por las Instituciones europeas, sino que también los Estados miembros regulan muchos aspectos relacionados con estas, en función de las necesidades de sus puertos y de la estrategia comercial que se decida seguir. Ahora bien, debemos recordar que sea cual sea esta estrategia, las disposiciones dictadas deben cumplir unas características mínimas de transparencia y ser equitativas y no discriminatorias. A modo de ejemplo, en España la estrategia portuaria está conformada por el Marco Estratégico del Sistema Portuario de Titularidad Estatal, complementado por otras disposiciones como el Plan de Infraestructuras, Transporte y Vivienda para el período 2012-2024.

C) Vías navegables interiores.

El término vía navegable interior se refiere al curso de agua, en el ámbito de las aguas continentales, sobre el que puede navegar, con una carga normal, un barco cuya capacidad sea por lo menos de cincuenta toneladas[113]. De este modo, cuando se habla de vía navegable interior se está haciendo referencia a los ríos, lagos y canales navegables.

Pues bien, este modo de transporte es uno de los principales utilizados en la actualidad, así como uno de los que, desde la Unión Europea, se intenta fomentar por ser más respetuoso con el medio ambiente. Es la modalidad de transporte que permite trasladar más mercancías por unidad de distancia, teniendo además una capacidad de carga que

113 *Vid.:* https://www.eca.europa.eu/Lists/ECADocuments/SR15_01/SR15_01_ES.pdf.,p.6. Última consulta el 12 de agosto de 2022.

equivaldría a la de centenares de camiones[114], de ahí que sea enormemente interesante su uso de cara a reducir emisiones.

La principal red de vías navegables es la del Rin-Danubio, que representa casi la mitad de estas vías de importancia internacional. La cuenca del Rin es la vía más desarrollada y utilizada para el transporte de mercancías, mientras que, la cuenca del Danubio tiene una enorme importancia debido a que, es la garante de la navegación fluvial entre el Mar del Norte y el Mar Negro[115].

La normativa que afecta al transporte por vías navegables en la Unión Europea presenta una gran diversidad de objetivos, aunque en su conjunto tienen en común la aspiración de liberalizar el mercado. Para lograrlo, se han regulado cuestiones como el libre acceso a estas vías, la supresión de prácticas discriminatorias —como las tarifas y los aranceles— y el establecimiento de condiciones justas de competencia.

Debido a su enorme importancia, se han dictado normas para fomentar esta modalidad de transporte. Así, de forma conjunta operan el Reglamento (CE) 718/1999, de 29 de marzo de 1999[116] —uno de los principales en la materia—, el Reglamento (CE) 181/2008, de 28 de febrero de 2008[117] y el Reglamento (UE) 546/2014, de 15 de mayo de 2014[118]. Así, el Reglamento 718/1999 es aplicable a los buques que transportan mercancías con fines comerciales, con algunas excepciones, y se les exige a aquellos Estados miembros que tiene una flota con un tonelaje superior a las 100.000 toneladas y cuyas vías navegables están entrelazadas con otros Estados miembros, el establecimiento de un fondo de navegación interior. Éstos deben estar administrados por autoridades nacionales y su uso se circunscribe a dos situaciones: a) la existencia de una perturbación grave del mercado o, b) cuando así lo solicitasen unánimemente las organizaciones que representan a este medio de transporte.

114 Ídem, p. 9.

115 *Vid.:* Comisión Económica para Europa de las Naciones Unidas (UNECE), White Paper on Efficient and Sustainable Inland Water Transport in Europe, Nueva York y Ginebra, 2011

116 DOUE L 90 de 2.4.1999, p. 1/5.

117 DOUE L 56 de 29.2.2008, p. 8/12.

118 DOUE L 163 de 29.5.2014, p. 15/17.

Por su parte, el Reglamento 181/2008 vino a establecer los tipos de contribuciones aplicables según el Reglamento 718/1999, además de las modalidades prácticas para la ejecución de la política de capacidad de las flotas comunitarias. En cuanto al Reglamento 546/2014, que modifica al Reglamento principal, sirvió para ampliar el ámbito de aplicación de determinadas medidas, incluyendo entre estas a las siguientes: la mejora de la capacitación en la navegación interior y los conocimientos de logística, el fomento de la adaptación de los barcos para mejorar las condiciones laborales y de seguridad, el fomento de la innovación y de los usos de los fondos de reserva con los instrumentos Horizonte 2020 y el Mecanismo Conectar Europa, etc.

Otro de los aspectos importantes a considerar en relación con las vías interiores navegables, es la regulación sobre el tipo de embarcaciones y demás características de estas. La normativa sobre embarcaciones la encontramos repartida en varios instrumentos jurídicos, en concreto:

- Reglamento Delegado (UE) 2020/474, de 20 de enero de 2020, relativo a la base de datos europea sobre cascos. *DOUE L 100 de 1.4.2020, p. 12/19.*
- Directiva (UE) 2016/1629, de 14 de septiembre de 2016, por la que se establecen las prescripciones técnicas de los buques de navegación interior. *DOUE L 252 de 16.9.2016, p. 118/176.*
- Reglamento (UE) 2016/1628, de 14 de septiembre de 2016, sobre los requisitos relativos a los límites de emisiones de gases y partículas contaminantes y a la homologación de tipo para los motores de combustión interna que se instalen en las máquinas móviles no de carretera. *DOUE L 252 de 16.9.2016, p. 53/117.*
- Directiva 2010/35/UE, de 16 de junio de 2010, sobre equipos a presión transportables. *DOUE L 165 de 30.6.2010, p. 1/18.*
- Directiva 2009/100/CE, de 16 de septiembre de 2009, relativa al reconocimiento recíproco de los certificados de navegación expedidos para los barcos de la navegación interior. *DOUE L 259 de 2.10.2009, p. 8/13.*

Esta normativa diseña todo un sistema de requisitos técnicos dirigido a las embarcaciones de navegación interior, creando, a su vez, un sistema de inspección. Así, puede decirse que, los requisitos para los certificados de navegación por estas vías son idénticos en todos los Estados miembros, aumentando la seguridad. En términos generales, el compendio de normas anteriormente citadas, regula materias tales como: los acuerdos recíprocos para el reconocimiento de licencias, la Base de Datos del Casco Europeo, el transporte de equipos a presión y mercancías peligrosas y los límites de emisiones de los motores de las embarcaciones.

D) Cabotaje marítimo.

En otro orden de ideas, con el Reglamento (CEE) 3577/1992, de 7 de diciembre de 1992[119], se regula el cabotaje marítimo en el seno de la Unión Europea. De esta forma, se garantiza que las compañías marítimas tengan el derecho a prestar servicios de transporte marítimo en otro Estado miembro, siempre que cumplan con las condiciones estipuladas. Para ello, aquellas personas que se dediquen a esta actividad pueden ejercerla temporalmente en las mismas condiciones a las que el Estado miembro en concreto imponga a sus nacionales. La liberalización de la prestación de servicios de transporte marítimo en la Unión Europea fue un paso importante para la realización del Mercado Interior o Mercado Único Europeo (MUE).

En relación con la tripulación, el artículo 3 del Reglamento otorga competencia a un Estado miembro u otro siguiendo una serie de reglas. Para los buques de cabotaje continental y buques de crucero, la competencia se otorga al Estado miembro en el que esté matriculado el buque. Esta disposición tiene como excepción los buques de menos de 650 toneladas brutas, cuyas condiciones a aplicar pueden ser las del Estado miembro de acogida. Si se trata de buques que realicen el cabotaje insular, estos temas serán, igualmente, competencia del Estado de acogida.

Es posible la celebración de contratos de servicio público o la imposición de obligaciones de servicio público, como condición para el cabotaje, de tratarse de compañías marítimas que lleven a cabo servicios regulares con destino u origen en islas y entre islas.

119 DOUE L 364 de 12.12.1992, p. 7/10.

El cabotaje marítimo fue liberalizado el 1 de enero de 1993, aunque no de forma uniforme en toda la Unión Europea. De esta manera, por ejemplo, Portugal, España, Francia e Italia lo implementaron por tipo de transporte de acuerdo con un calendario hasta el año 1999. En el caso de Grecia, esta liberalización escalonada se prorrogó hasta 2004 para los servicios regulares de pasajeros y de transporte por transbordador y para los servicios realizados por buques con un arqueo inferior a 650 toneladas brutas.

E) La problemática en los Estrechos con el intercambio de mercancías.

Es ineludible expresar que, como resulta bien conocido, en virtud del TFUE, existe la conocida libertad de circulación de mercancías, la cual se basa en la eliminación de los derechos de aduana y las restricciones cuantitativas. Además, se reconoció la eliminación de barreras físicas y técnicas para completar el Mercado Interior. Todo ello se encuentra regulado en el artículo 26 y artículos del 28 al 37 del TFUE.

Ahora bien, cabría que nos planteásemos entonces, si existe libertad de circulación y se han eliminado las barreras físicas, ¿a qué nos referimos exactamente al mencionar la problemática que tiene lugar en los estrechos con el intercambio de mercancías? Se trata de un tema muy ligado a la política de seguridad y cuya cuestión principal deriva, en esencia, del llamado abordaje[120]. Pues bien, en el ámbito internacional, la materia se regula por el Convenio sobre el Reglamento internacional para prevenir los abordajes (RIPA), de 20 de octubre de 1972[121]. Este Reglamento concedió una gran importancia a los dispositivos de separación del tráfico[122]. En definitiva, todas estas medidas han sido adoptadas por los países firmantes, entre ellos los europeos.

---

120 El abordaje se puede definir como el accidente marítimo que tiene lugar por un choque en el que intervienen buques, embarcaciones o artefactos navales, teniendo como resultado daños para alguno de ellos o para las personas o las cosas. Definición tomada del artículo 339 apartado 2 de la Ley 14/2014, de 24 de julio, de Navegación Marítima.

121 Con entrada en vigor el 15 de julio de 1977.

122 El término se utiliza para hacer referencia a autopistas virtuales delimitadas en el mar, que trazan las autoridades costeras de cada país. Permiten ordenar la circulación de las embarcaciones.

Para facilitar esta implementación, desde la Unión Europea se han creado programas de financiación. Uno de estos programas fue el llamado MONALISA 2.0, cuyo desarrollo tuvo lugar entre los años 2010 y 2013, y que contó con 39 empresas de 10 países europeos. Su objetivo era la mejora significativa de la seguridad y la eficiencia del transporte marítimo a través del desarrollo de determinadas acciones. Entre sus resultados, podemos constatar que, consiguió desarrollar sistemas y tecnologías para aumentar la eficiencia operativa de las autopistas del mar, así como el diseño de un sistema de gestión del tráfico marítimo europeo[123].

A modo ilustrativo, el Convenio RIPA establece disposiciones, tales como las maniobras para evitar el abordaje, las reglas de navegación en los canales angostos —de modo que, los buques deben navegar por estas zonas siendo previamente identificados y mantenerse lo más cerca posible del límite exterior del paso o canal—, o, también, las normas en base a los dispositivos de separación del tráfico, a las que hacíamos referencia.

A modo de ejemplo, en Europa, el Estrecho de Gibraltar tiene una enorme importancia, puesto que es obligatorio su tránsito para la mayor parte de los buques y embarcaciones que navegan por la zona. Pues bien, en él se introdujeron en 1970 dispositivos de separación de tráfico, que han sufrido diversas modificaciones a lo largo de los años transcurridos. Sea como fuere, las disposiciones que regulan el tráfico sobre esta zona son muy importantes por el peso económico que conllevan, un abordaje u otro fenómeno provocarían una crisis de suministros que podría afectar a varios países y al comercio mundial.

F) Los sistemas de la Unión Europea de intercambio de información marítima.

Uno de los principales objetivos estratégicos de la Unión Europea es el fomento del intercambio de información entre las autoridades nacionales de vigilancia marítima. Como señalaba la Comisión Europea en su Comunicación «Mejor conocimiento de la situación a través de una mayor cooperación entre las autoridades de vigilancia marítima: próximos

123 Para más información, *vid.:* https://www.fundacion.valenciaport.com/proyecto/monalisa-2-0-securing-the-chain-by-intelligence-at-sea/. Última consulta el 13 de agosto de 2022.

pasos dentro del entorno común de intercambio de información sobre cuestiones marítimas de la Unión Europea»[124], el desarrollo del entorno común de intercambio de información en este ámbito es un proceso de colaboración que ha de ser constante, por la importancia que ello supone. Ese proceso de colaboración requiere de iniciativa, no solo a nivel europeo, sino también nacional.

En la Comunicación de la Comisión Europea «Hacia la integración de la vigilancia marítima: Entorno común de intercambio de información sobre cuestiones marítimas de la Unión Europea (CISE)», de 15 de octubre de 2009, fueron definidos los principios rectores que darían paso a la creación de este entorno, hecho que se materializó en el año 2010. Desde entonces, el CISE es uno de los objetivos claves de la política marítima integrada de la Unión Europea, así como un elemento esencial de la Estrategia de Seguridad Marítima.

El CISE tiene como misión principal el aumento de la seguridad y la protección del medio ambiente en las zonas marítimas comunitarias. En resumen, se concibe como un proyecto, de carácter voluntario, que se basa en el intercambio de información existente y en sistemas y plataformas de distribución e intercambio, dando lugar a una mejor interoperatividad. Ha facilitado la creación de distintas iniciativas, entre ellas podemos mencionar las siguientes:

- SafeSeaNet, con la que se ofrecen servicios marítimos integrados para controlar el tráfico y garantizar la aplicación legislativa de la Unión Europea.
- El sistema común de comunicación e información de emergencia, con el que se facilita la comunicación durante accidentes marítimos.
- La Red de vigilancia marítima, con la que se intercambia información y servicios operativos de los buques.
- Sistema de localización de buques para, con seguimiento por satélite, brindar datos a las autoridades pesqueras sobre la localización, rumbo y velocidad de los buques.

En lo que respecta al transporte fluvial, debemos hacer referencia a la Directiva 2005/44/CE, de 7 de septiembre de

124 COM/2014/0451 final.

2005[125], como la encargada de establecer las normas sobre los Servicios de Información Fluvial (SIF) armonizados. De esta forma, los SIF permiten garantizar la seguridad, eficiencia y respeto por el medio ambiente de las vías navegables interiores.

En este sentido, estos Servicios incluyen información sobre datos de diversa índole tales como, los datos hidrológicos, administrativos y geográficos de las vías navegables, la información táctica y estratégica sobre el tráfico, los protocolos de actuación en casos de accidente, entre otros. Posteriormente, se definen las directrices para la planificación, ejecución y operaciones de los SIF a través de los Reglamentos (CE) 414/2007, 415/2007 y 416/2007, todos ellos modificados en fechas posteriores. De este modo, quedan definidas las especificaciones técnicas de los avisos a los navegantes, del sistema de información y visualización de las cartas electrónicas para la navegación interior y de los sistemas de seguimiento y ubicación de los buques[126].

En definitiva, todos estos sistemas requieren de la colaboración entre autoridades nacionales para su desarrollo y correcta implementación. El flujo constante de información marítima de todo tipo garantiza la seguridad que requiere el sector, de ahí su vital importancia.

G) Derechos de los pasajeros de transporte marítimo.

Igual que sucede —como ya hemos expresado anteriormente— en el resto de las modalidades del transporte, los derechos de los pasajeros que viajan por mar y por vías navegables han sido objeto de regulación por parte de la Unión Europea. En este caso, el texto jurídico que lo contiene es el Reglamento (UE) 1177/2010, de 24 de noviembre de 2010[127]. La primera aclaración que es necesario realizar se refiere a que, todos los pasajeros que utilicen estos medios de transporte, incluyendo aquellos con discapacidad o movilidad reducida, tienen los mismos derechos en todos los países de la Unión.

125 DOUE L 255 de 30.9.2005.

126 Para más información, vid.: https://eur-lex.europa.eu/ES/legal-content/summary/inland-waterways-river-information-services-ris.html. Última consulta el 14 de agosto de 2022.

127 DOUE L 334 de 17.12.2010, p.1/16.

En concreto, se trata de derechos que asisten a los pasajeros que viajen por la Unión Europea a bordo de transbordadores grandes y cruceros por mar, ríos, lagos o canales. Se incluye entre los derechos, la indemnización de entre el 25 y el 50 % del precio del billete, cuando exista una situación de retraso en la llegada o en la cancelación del viaje, el reembolso o el transporte alternativo para los supuestos de cancelación o retraso en la salida superior a 90 minutos o la asistencia adecuada —con comida o bebidas— y alojamiento de un máximo de tres noches —cuando corresponda— en situaciones de cancelación o retraso en la salida superior a 90 minutos.

Asimismo, se debe brindar información adecuada sobre las disposiciones del viaje a los pasajeros antes y durante el trayecto, así como información general sobre los derechos en las terminales y a bordo de los buques. Se debe contar con un mecanismo de tramitación para evacuar las reclamaciones por parte de los transportistas y operadores de terminal.

En relación con las personas con discapacidad y con movilidad reducida, estas no deben sufrir trato discriminatorio, así como contar con asistencia específica gratuita, tanto en las terminales portuarias como a bordo de los buques. Además, en supuestos de pérdida o daños del equipo de movilidad, deberán recibir una indemnización pecuniaria.

Cada Estado miembro debe establecer organismos nacionales independientes que velen por el cumplimiento de los derechos que garantiza el Reglamento citado e, incluso, puedan imponer sanciones en casos de incumplimiento. Con posterioridad, fue aprobado el Reglamento (CE) 392/2009, de 23 de abril de 2009[128], sobre la responsabilidad de los transportistas de pasajeros por mar, que desde el 31 de diciembre de 2012, cubre también a aquellos pasajeros en caso de extravío o daños ocasionados por accidente.

Bibliografía

A.A.V.V., *Tratado de Derecho y políticas de la Unión Europea*, Tomo IX, Edit. Aranzadi, Pamplona, 2017.

128 DOUE L 131 de 28.5.2009, p. 24/46.

Cabrera Cánovas, A.: «Transporte aéreo internacional de mercancías» en *Cuadernos básicos del ICEX,* noviembre de 2016.

Molina del Pozo, C.F.: *Tratado de Derecho de la Unión Europea*, 4 vols., Juruá Editora, Curitiba, Lisboa, 2015.

Molina del Pozo, C.F., *Manual de Derecho de la Comunidad Europea*, 4.ª edición, Editorial Dijusa, Madrid, 2004.

Molina del Pozo, C.F. (Dir.): *Comentarios a la Legislación Comunitaria*. Tomo IX: Política de Transportes. Política de Energía. Edit. Edersa, Madrid, 1987. 915 págs. ISBN 84-7130-581-X - ISBN 84-7130-557-7

Molina del Pozo, C.F.: *Comentarios al Proyecto de Constitución Europea*. Edit. Comares. Granada-1996. 675 págs. ISBN 84-8151-260-5

Molina del Pozo, C.F.: *Derecho Administrativo Comunitario Europeo*, 3.ª edición. Edit. FUFAP. Madrid-2000. 171 págs. ISBN NA-209-1999.

Molina del Pozo, C.F.: *Derecho Comunitario*. Edit. Calamo, Barcelona-2004, 467 págs., ISBN: 84-95860-27-9.

Molina del Pozo, C.F.: *Veinticinco años de impacto del Derecho Comunitario en el Derecho español*. Editorial Liceus, colabora Ministerio de Asuntos Exteriores y de Cooperación. Madrid-2010. ISBN: 978-84-9822-896-0. 630 páginas.

Molina del Pozo, C.F.: *Tratado de Lisboa: TUE, TFUE y Carta Europea de Derechos Fundamentales. Textos consolidados y anotados*. 2.ª edición, Editorial Universitaria Ramón Areces. Madrid-2018. ISBN: 13:978-84-9961-323-9.

Molina del Pozo, C.F.: «La Empresa Española ante el Derecho Comunitario de la competencia», en *Revista Noticias CEE,* n.º 13, febrero-1986, pág. 43 a 47. Edit. CISS. Valencia-1.996

Molina del Pozo, C.F.: «La implantación en España del Derecho Comunitario Europeo», en *Tapia. Publicación para el mundo del Derecho*, España en Europa (I), n.º 24.

Molina del Pozo, C.F.: *Derecho de la Unión Europea*, 7.ª edición, Editorial Reus, Madrid, 2023.

Jurisprudencia europea de especial interés

- TJUE, 15 de julio de 1964, *Costa c. Enel* (Asunto 6/64).
- TJUE, 13 de mayo de 1971, *International Fruit Company* (Asunto 41-44/70).
- TJUE, 7 de febrero de 1973, *Comisión c. Italia* (Asunto 39/72).
- TJUE, 22 de mayo de 1985, *Parlamento Europeo c. Consejo de las Comunidades Europeas* (Asunto 13/83).

PARTE III

7. Interrelación del derecho de libre circulación de personas, bienes y mercancías en la Unión Europea: la regulación propia del Mercado Único Europeo en materia de transportes

7.1. Concepto y regulación

El Derecho de los Transportes en la Unión Europea está directamente relacionado con el Mercado Único Europeo —también llamado Mercado Interior—, de ahí que consideremos oportuno dedicar, a continuación, unas líneas a hacer referencia a éste.

Concebido como uno de los instrumentos de integración económica de la Unión, el término se refiere al establecimiento de un mercado común entre los distintos países miembros. De este modo, permite lograr la libre circulación de personas, mercancías, servicios y capitales, con las enormes ventajas de toda índole que ello supone.

La idea de la creación de un Mercado Único ya estaba prevista en el Tratado de Roma (1958). Así, puede advertirse que, en dicho texto ya se mencionaban las bases de su estructura y fijaba para conseguirlo el final del período transitorio, en la década de los setenta. Sin embargo, no sería hasta el Acta Única Europea (1986) que se determinaría, por primera vez, el año 1992 para la realización efectiva del Mercado Interior. En concreto, en su artículo 8a) se señalaba que, el establecimiento del Mercado Interior se llevaría a cabo en un período que concluiría el 31 de diciembre de 1992, implicando un espacio sin fronteras interiores, en el que las cuatro libertades estuvieran garantizadas.

Con el Tratado de la Unión Europea, en el año 1992, se dio el Mercado Interior o Mercado Único Europeo (MUE) por alcanzado, aunque no sin carencias, que debían abordarse eliminando barreras jurídicas y sociales. Finalmente, las modificaciones posteriores de los Tratados constitutivos no incidieron de modo importante en la regulación del Mercado Único. En la actualidad, encuentra su base jurídica en el artículo 3.3 del Tratado de la Unión Europea y en los artículos 4.2a), 26, 27, 114 y 115 del TFUE.

Ahora bien, en materia de transportes, ya hemos mencionado anteriormente que, el desarrollo del Mercado Interior del Transporte no comenzó hasta la sentencia del TJUE de 22 de mayo de 1985, en la que se condenaba al Consejo por no haber garantizado la libre prestación de servicios en este sector. Desde entonces, el desarrollo del Mercado Interior se ha llevado a cabo por etapas. Entre los años 2003 y 2010, la labor de las instituciones consistió en facilitar la libre circulación de mercancías, avanzándose significativamente en la apertura de los servicios de transporte.

En la Comunicación de la Comisión «Hacia un Acta del Mercado Único», de octubre de 2010[129], se puso de manifiesto la necesidad de mejorar la red transfronteriza de infraestructuras del transporte, de modo que fuese eficaz e interoperable, y que estuviese suficientemente interconectada. También, se reconocía el carácter esencial del transporte para garantizar el buen funcionamiento del Mercado Interior. En este punto, no debemos perder de vista la noción de que, el diseño de una red de transportes europea eficiente influye directamente en el Mercado Único, pues las personas hacen uso del mismo para ejercer su libertad de circulación, así como los bienes y las mercancías requieren de un transporte que asegure su traslado en el tiempo y forma estipulados.

Para el año 2012, se reconoció que el Mercado Único de Transportes estaba aún incompleto[130]. Fue por ello que, se plantean numerosas medidas enfocadas y centradas en el trans-

129 COM/2010/608.

130 *Vid.:* Comunicación de la Comisión «Acta del Mercado Único II: Juntos por un nuevo crecimiento». Ref. COM/2012/573 final.

porte ferroviario, aéreo y marítimo. Además, se pone de manifiesto un problema que, en ese momento afectaba al cabotaje, pues, como consecuencia de las restricciones que sufría, muchos camiones circulaban vacíos, incidiendo negativamente en el comercio y en la competitividad.

En el contenido del documento mencionado, se propone la apertura de los servicios nacionales de transporte ferroviario a otros Estados miembros, de modo que el servicio sea más rentable. Además, se expresa la necesidad de establecer un verdadero Mercado Único Europeo para el Transporte Marítimo. Para ello, se debían suprimir las formalidades aduaneras y administrativas, aplicables a mercancías procedentes de puertos de ultramar, para aquellas mercancías de la Unión Europea que se transportasen por puertos marítimos comunitarios.

Tal como se pone de manifiesto en la Comunicación de la Comisión Europea «Mejorar el mercado único: más oportunidades para los ciudadanos y las empresas»[131], en el año 2015, se estaba trabajando con el objetivo de transformar las normas sobre transporte. De esta forma, se pretendía hacer más sencillas y fáciles de cumplir las normas relativas al sector del transporte de mercancías. Asimismo, se expresa el objetivo de lograr garantizar la igualdad de condiciones para los servicios interiores de transportes de pasajeros, aumentar la competitividad en el alquiler de vehículos pesados para el transporte de mercancías, velar por el cumplimiento de las condiciones de trabajo en el sector, entre otros.

Posteriormente, la crisis provocada por el Covid-19 supuso un enorme desafío para las cadenas de transporte de mercancías, y ello debido a distintos motivos, tales como: las fronteras cerradas, las condiciones que debían cumplir los conductores o el aumento de la burocracia. Como consecuencia de la situación descrita, va a ser necesario que se adopte por la Comisión Europea una Comunicación titulada «Un plan de contingencia para el transporte»[132], documento en el que se exponen diez ámbitos de acción para actuar en situaciones de crisis. De modo resumido, estos se refieren a las siguientes cuestiones:

- Adaptar las leyes de transporte a situaciones de crisis, de modo que, frente a una crisis, no deben dar lugar a excepciones indebidas en la aplicación del

131 COM/2015/550 final.

132 COM/ 2022/211 final.

Derecho de la Unión Europea. Por citar un ejemplo, en el transporte por carretera, se pretende analizar si es adecuado o no, ofrecer flexibilidad temporal adicional a la hora de aplicar normas de transporte por carretera, en lo que a restricciones y tiempos de conducción se refiere.

- Asegurar un apoyo adecuado para el sector del transporte, mejorando la conectividad y la sostenibilidad del sistema, a través de los fondos de financiación disponibles.
- Garantizar la libre circulación de bienes, servicios y personas: para ello se plantea reactivar el sistema Green Lanes[133], frente a cualquier crisis que afecte al transporte. En este punto, se pretende proponer un Instrumento de Emergencia del Mercado Único que dote de un marco legal a estas medidas.
- Una mejor gestión de los flujos de refugiados y repatriación de pasajeros y trabajadores del transporte, que pudieran quedar varados como consecuencia de la crisis.
- La garantía de una conectividad mínima del transporte y la protección de los pasajeros.
- Una mejor forma de compartir información de transporte actualizada y detallada para hacer frente a los problemas y buscar mejores soluciones.
- El fortalecimiento de la coordinación de la política de transportes a través de la Red de Puntos Nacionales de Transporte.
- El fortalecimiento de la ciberseguridad.
- Las pruebas de contingencia de transporte para evaluar la preparación para la crisis del sector.
- La cooperación con socios internacionales.

133 Durante la pandemia, la Comisión puso en marcha este sistema a través del cual los Estados miembros debían designar todos los pasos fronterizos internos pertinentes de la red transeuropea de transporte como pasos fronterizos de carril verde. Éstos debían estar abiertos a todos los vehículos de carga, con independencia de los bienes que transportasen. Los trámites de como cruzar la frontera no debían tomar más de 15 minutos.

Todas estas medidas relacionadas con el transporte persiguen, como uno de sus objetivos esenciales, el fortalecimiento del Mercado Único para un mejor crecimiento económico de la Unión Europea.

7.2. Derecho de libre circulación de personas

El derecho a la libre circulación de las personas es la pieza angular de la ciudadanía europea. En un inicio, los Tratados Constitutivos solo hacían referencia a este derecho en relación con la libre circulación de los trabajadores. Con el Tratado de Maastricht, en el año 1992, se crea el concepto de ciudadanía europea, en el que se sustenta el derecho en cuestión, aunque no sería sino hasta el año 2009 con el Tratado de Lisboa cuando fuese confirmado. Actualmente, su regulación básica se encuentra en el artículo 3.2 del Tratado de la Unión Europea, el artículo 21 y Títulos IV y V del TFUE, y en el artículo 45 de la CDFUE. A estos mencionados textos legislativos debemos añadir la Directiva 2004/38/CE, de 29 de abril de 2004, que establece y tipifica el derecho de los ciudadanos de la Unión y de sus familias a circular y residir libremente en el territorio de los Estados miembros[134]; así como, también, el Reglamento (UE) 2019/1157, de 20 de junio de 2019, relativo al refuerzo de la seguridad de los documentos de residencia expedidos a ciudadanos de la Unión y a los miembros de su familia que ejerzan su derecho de circulación[135].

Por la importancia que la libre circulación de personas tiene, uno de los principales objetivos de la Política Común de Transportes consiste en garantizar la circulación uniforme, eficaz, segura y libre de las personas por toda la Unión Europea, a través de redes integradas con todos los medios de transporte. Para ello, se han dispuesto normas que faciliten el ejercicio de tal derecho. Entre ellas, cabe destacar las relativas a la documentación necesaria con la que debemos contar para movernos por el territorio de la Unión, en función de nuestra situación administrativa.

---

134 DOUE L 158, de 30.04.2004.

135 DOUE L 188, de 12.07.2019.

Específicamente, la Directiva 2004/38/CE señala que, todos los ciudadanos de la Unión que cuenten con documentos de identidad o pasaporte en vigor, así como los miembros de su familia que no sean nacionales de un Estado miembro y que cuenten con un pasaporte en vigor, tienen derecho a salir del territorio de un Estado miembro para viajar a otro, sin que exista la posibilidad de imponerles un visado de salida o trámite equivalente. La misma regla será de aplicación para el caso de la entrada en uno de estos países de alguno de los sujetos antes mencionados.

En cuanto al tiempo que pueden permanecer en un Estado miembro distinto al de su residencia, los ciudadanos europeos solo deben cumplir el requisito de poseer documento de identidad o pasaporte válido, si su estancia es inferior a 3 meses. En los supuestos en los que tal estancia sea superior a ese período, el ciudadano europeo y los miembros de su familia deben contar con recursos suficientes y un seguro de enfermedad. Además, se les puede solicitar que se registren ante las autoridades[136].

Es posible la expulsión de los ciudadanos de la Unión o de los miembros de su familia por razones de orden público, seguridad o salud públicas, siempre teniendo en cuenta los principios de proporcionalidad y la conducta personal del individuo. También se pueden adoptar medidas en los casos de abuso de derecho o fraude. Un ejemplo de estas restricciones tuvo lugar durante la pandemia por COVID-19, momento en el cual se cerraron las fronteras interiores de la Unión Europea y a los ciudadanos de esta se les exigía, para poder salir o entrar en un Estado miembro, contar con un certificado de vacunación, haber pasado la enfermedad o bien haberse realizado una prueba para constatar que no estuviesen contagiados.

Todos estos aludidos aspectos deberán ser tenidos en cuenta en el momento de viajar por parte de los ciudadanos, así como en los controles de aeropuertos, estaciones de

136 Si nos referimos a la documentación que los ciudadanos extracomunitarios deben poseer para moverse por la Unión Europea, es preciso advertir que, los mismos necesitarán un visado expedido por uno de los Estados miembros que, con carácter general, les dará derecho a permanecer en ese país un máximo de 90 días. Aquellas personas que cuenten con este visado, podrán moverse por el territorio comunitario amparadas en tal documento y durante el período de validez de éste.

autobús o ferrocarril pertinentes, por lo que se debe contar con la infraestructura necesaria en los mencionados supuestos, de manera que puedan hacerse efectivas todas y cada una de las enunciadas disposiciones.

Por otra parte, el derecho de libre circulación de personas potencia el sector del transporte. Ante la exigencia de menor cantidad de trámites para poder viajar, menos coste de los billetes y mayor garantía de seguridad ante determinadas situaciones, muchos son los ciudadanos europeos que deciden viajar dentro de la Unión Europea. De igual forma, servicios como el Interrail, los vuelos que ofrecen las compañías aéreas con frecuencias fijadas cada poco tiempo, así como otras prestaciones que se ofrecen, suponen un factor de crecimiento para el sector del transporte. Por último, debemos señalar que, la movilidad es un requisito previo necesario para el desarrollo del Mercado Único en todo su potencial, de ahí que la garantía de los derechos que hemos tratado en este epígrafe sea fundamental.

7.3. Derecho de libre circulación de mercancías. Aduanas

Si existe una interrelación entre el Mercado Único Europeo, el transporte y el compendio de derechos del ordenamiento comunitario, sin duda, el derecho a la libre circulación de mercancías es uno de los que más importancia posee. El desarrollo del Mercado Único Europeo requiere de infraestructuras de transporte y de normativa sólida en la materia y, la libre circulación de mercancías favorece el crecimiento de la economía europea. Este derecho se basa en la eliminación de los derechos de aduana, en las restricciones cuantitativas y en la prohibición de las medidas de efecto equivalente. Su base jurídica se encuentra en los artículos 26 y 28 a 37 del TFUE.

Su objetivo consiste en garantizar la libre circulación de aquellos productos originarios de los Estados miembros y de los productos de terceros países en libre práctica en estos. En sus inicios, se enmarcaba en la Unión aduanera —que suponía la supresión de los derechos de aduana y el establecimiento de un arancel exterior común para la Unión— y, con posterioridad, se eliminaron todos los obstáculos que la dificultaban, con miras a hacer realidad el Mercado Interior.

En el Libro Blanco de la Comisión «Completar el Mercado Interior» de 1985[137], se enumeraron las barreras físicas y técnicas que se debían eliminar de cara a favorecer el Mercado Único Europeo. Muchas de ellas ya se han superado, aunque aún persisten otras. Con el Mercado Interior actual se facilita la compraventa de productos en toda la Unión, ofreciendo al consumidor gran variedad de estos y mejores ofertas. Más allá de este hecho, la libre circulación de mercancías beneficia a las empresas al ayudarles a construir un entorno más diverso y competitivo. Sin embargo, es prudente advertir que, las pymes encuentran todavía barreras comerciales para expandirse pues, a pesar de la avanzada armonización en la materia, las distintas normas sobre requisitos técnicos dificultan la labor, por no mencionar las regulaciones sobre venta al por menor y los precios.

En la Comunicación «El Mercado Interior de mercancías, pilar de la competitividad europea»[138] del año 2007, la Comisión Europea señala que, éste había cumplido casi todas las promesas contenidas en el Libro Blanco de 1985, y que la mayor parte de empresas y ciudadanos estaban satisfechos con su funcionamiento.

A mayor abundamiento, la libre circulación de mercancías se encuentra actualmente garantizada por la armonización a nivel europeo de normas con requisitos comunes para la comercialización de productos, o por la aplicación del principio de reconocimiento mutuo. Este último principio se considera un complemento importante para la armonización. Consiste en la imposibilidad por un Estado miembro de prohibir la venta en su territorio de mercancías que estén siendo comercializadas en otro Estado miembro, salvo cuando concurran razones de interés público o que estén justificadas de acuerdo con la normativa. En la actualidad, su regulación la podemos encontrar en el Reglamento (UE) 2019/515, de 19 de marzo de 2019[139].

137 COM/85/310 final.

138 COM/2007/35 final.

139 DOUE L 91, de 29.3.2019.

En otro orden de ideas, no es posible concluir este epígrafe sin antes referirnos, aunque sea brevemente, a las regulaciones aduaneras. Ya hemos mencionado que, en territorio comunitario no se aplican aranceles por la importación de productos de otro Estado miembro. En lo que a relaciones con terceros países se refiere, se cuenta con el Arancel Aduanero Común, cuya instauración supone la unificación del nivel de protección de la Unión para productos procedentes de fuera del ámbito territorial de esta. El establecimiento de este arancel, que requiere de una nomenclatura arancelaria uniforme en los Estados miembros y de un nivel de protección para cada producto, es un elemento fundamental del proceso de unificación externa.

En definitiva, puede argumentarse que, el cumplimiento de las regulaciones mencionadas por los distintos agentes económicos agiliza el proceso de comercialización, lo que, a su vez, aumenta la competitividad. Esto favorece al Mercado Común y genera crecimiento. En el referido contexto, cabe afirmar que, el sector del transporte resulta ser un elemento esencial en este proceso. Ya sea para la importación en otro país de la Unión o para la exportación a un tercer país, siempre será necesario un medio de transporte. En el primer caso, con bastante frecuencia se lleva a cabo a través del transporte por carretera. A nivel internacional, la transportación de mercancías en aviones o grandes buques es la norma.

7.4. Derecho de libre circulación de servicios

De acuerdo con el artículo 56 del TFUE, las restricciones a la libre prestación de servicios por ciudadanos comunitarios establecidos en un Estado miembro distinto al de tal prestación, están prohibidas. Al igual que ocurre con las libertades de circulación de personas, mercancías y capitales[140], la libre prestación de servicios contribuye en gran medida al desarrollo del Mercado Único Europeo.

En este sentido, se consideran servicios aquellas prestaciones realizadas, normalmente, a cambio de una remunera-

140 Sobre la libre circulación de capitales no se realiza una exposición específica en estas líneas por su escasa vinculación con la temática de esta monografía.

ción, siempre que no se rijan por las disposiciones relativas a las libertades de personas, mercancías o capitales. Esto supone que se aplicará a todas aquellas actividades económicas que no se consideren asalariadas o que no se presten mediante establecimiento permanente —como las actividades propias de las profesiones liberales—. El prestador de un servicio puede ejercer su actividad temporalmente en el Estado miembro donde se realice la prestación, en las mismas condiciones que los nacionales de ese Estado.

La prohibición general de restringir estas prestaciones tiene excepciones, en concreto, por razones de orden público, seguridad y salud públicas o, por razones imperiosas de interés general, que deben ser apropiadas y proporcionales.

Se puede desarrollar mediante tres modalidades: 1) cuando el prestador de servicios se desplaza temporalmente a otro Estado miembro para llevar a cabo la prestación; 2) cuando el destinatario es quien se desplaza al Estado donde reside el prestatario; y, 3) cuando es el objeto de la prestación el que se desplaza.

En la materia opera la Directiva Servicios 2006/123/CE, de 12 de diciembre, relativa a los servicios en el Mercado Interior y aplicable desde el 28 de diciembre de 2009[141]. Esta Directiva prevé entre sus objetivos a ser resaltados, los siguientes: facilitar la libertad de establecimiento y de prestación de servicios en la Unión, reforzar los derechos de los destinatarios de los servicios en su calidad de usuarios, fomentar esa calidad, entre otros varios.

Ahora bien, en materia de transportes, la libre prestación de servicios se pone de manifiesto con absoluta nitidez en todo lo concerniente al cabotaje, materia sobre la que ya nos hemos ocupado en líneas precedentes. A modo de ejemplo, para el cabotaje marítimo debemos acudir al Reglamento (CEE) 3577/1992, de 7 de diciembre, por el que se aplica el principio de libre prestación de servicios a los transportes marítimos dentro de los Estados miembros[142]. Este documento garantiza a las compañías marítimas o a las nacionales residenciadas en otros Estados miembros, para que tengan derecho a los servicios de transporte marítimo, siempre que reúnan las condiciones necesarias para su admisión.

141 DOUE L 376 de 27.12.2006, p. 36/68.

142 DOUE L 364, de 12.12.1992, pp. 7/10.

Según el tipo de transporte, los asuntos de la tripulación dependerán del Estado de pabellón o del Estado de acogida. Cabe señalar que, el cabotaje marítimo fue liberalizado el 1 de enero de 1993. En la Comunicación de la Comisión Europea relativa a la interpretación del reglamento mencionado, del año 2004[143], se actualizó y modificó la interpretación del mismo. Como esta regulación, para el caso del transporte terrestre, también existen disposiciones con el mismo fin de garantizar la prestación de servicios, a las que ya nos hemos referido anteriormente.

8. La aportación a la economía de la Política de Transportes

El sector del transporte es una pieza fundamental de la integración europea, como ya hemos analizado en líneas precedentes, por su importancia para los derechos de libre circulación de personas, mercancías y servicios. Más aún, si tenemos en cuenta las cifras facilitadas por la propia Unión Europea, el transporte es una de las ramas claves de la economía. Esto se puede afirmar gracias a datos tales como que, el sector representó en 2019 más del 5 % del valor añadido bruto de la Unión, con alrededor de 624.000 millones de euros[144] de facturación. Además, dio empleo en ese año a más de 10.5 millones de personas.

Otros datos de interés cifran en 964.000 millones de euros el gasto de los hogares en servicios del transporte, lo que supone el 13 % del consumo total de estos. Por su parte, en actividades de transporte de viajeros se dio en 2019 una cifra promedio de 13.498 kilómetros por personas recorridos[145].

Debido a esta relevancia, existen distintos programas europeos con los que se pretende contribuir a este sector y adaptarlo a la realidad actual en diversas materias, como

143 COM/2014/232 final.

144 *Vid.:* European Commission, «EU transport in figures Statistical pocketbook 2021», sept. 2021, p. 19. Disponible en: https://op.europa.eu/es/publication-detail/-/publication/14d7e768-1b50-11ec-b4fe-01aa75ed71a1#. Última consulta el 26 de agosto de 2022.

145 *Ídem.*

el medio ambiente y el cambio climático. De este modo, la preocupación mayor de los últimos años ha sido encontrar una forma de reducir el impacto medioambiental del transporte, al mismo tiempo que continúa siendo un sector estratégico de la economía.

Para ello, se han desarrollado acciones que se han incluido en programas como Europa en Movimiento, en el Plan de Inversiones de Europa o en el Mecanismo Conectar Europa. Una parte de estas iniciativas está basada en subvenciones a los Estados miembros desde la Unión Europea, para el desarrollo de proyectos en la materia. Otra parte consiste en medidas concretas de estímulo al transporte.

Profundizando en la materia, con el programa Europa en Movimiento, que se puso en marcha en el año 2017, se pretendía ayudar al sector a mantener su competitividad en la transición medioambiental. De este modo, se previó que tal transición se hiciera a través de una legislación específica y medidas como la inversión en investigación e innovación. El objetivo de esta iniciativa se centraba en contribuir a garantizar las condiciones de competencia equitativas entre los agentes que operan en Europa. Para ello, se propusieron instrumentos financieros específicos.

En la misma línea, el Mecanismo Conectar Europa, para el período 2021-2027, pretende ser un instrumento clave de financiación, que sea capaz de promover el empleo, el crecimiento y la competitividad. Se divide en tres sectores: transporte, energía y sector digital, reforzando las sinergias entre ellos. En materia de transportes, se ha puesto a disposición de proyectos de infraestructuras del transporte la cantidad de 25.8 billones de euros para su financiación, incluyendo 11.29 billones de euros destinados a los países que puedan recibir ayuda del Fondo de Cohesión. Dos de los objetivos del Mecanismo se centran en: 1) la finalización para 2030 de la Red Básica, estructurada en nueve corredores multimodales y, 2) conseguir concluir para 2050 la red integral que facilite la accesibilidad a todas las regiones europeas[146].

146 *Vid.:* https://cinea.ec.europa.eu/programmes/connecting-europe-facility/transport-infrastructure_en. Última consulta el 26 de agosto de 2022.

Todas estas iniciativas dejan clara cuenta de la importancia que se le confiere al sector, así como de la acuciante necesidad de adaptarlo a la normativa internacional y europea sobre medio ambiente, a la vez que se fomenta la inversión y se gana en competitividad.

Adicionalmente, de los datos ya expuestos, se intuye que, el sector del transporte es un motor económico, si lo observamos desde tres puntos de vista distintos: el uso que del mismo hacen los viajeros, el empleo y las mercancías. Sobre el empleo ya hemos proporcionado anteriormente algunos datos, pudiendo añadir ahora que, se trata de un sector en auge, que requerirá de personal cada vez más cualificado y con sensibilidad ambiental. En relación con el transporte de viajeros, el turismo se nutre, irremediablemente, de los distintos medios de transporte. Contar con una red intermodal que permita realizar conexiones entre regiones o países, no solo repercutirá positivamente en el desarrollo económico de estos lugares, sino que, además, mejorará la movilidad europea, aumentando la eficiencia y, por tanto, la competitividad del sector.

En último término, en relación con el transporte de mercancías, tras la crisis provocada por la pandemia originada por el Covid-19 y la situación que, a día de hoy, se está viviendo como consecuencia de la guerra entre Rusia y Ucrania, los índices de costes de transporte han aumentado considerablemente, siendo actualmente un 7.5 % más altos[147], lo que da cuenta de un sector que se encuentra en crisis y al que debemos enfrentarnos. El transporte de mercancías por carretera, por poner tan solo un ejemplo, representa más de la mitad del volumen de mercancías transportadas, lo que sitúa a éste como un sector estratégico a tener en cuenta.

En definitiva, el transporte aporta valor de forma muy relevante a la economía europea y, con las medidas que se proponen, la Unión Europea puede llegar a ser, incluso, un referente en la materia.

---

147 *Vid.:* https://www.lavanguardia.com/economia/20220926/8543191/celsa-acreedores-juzgado-capital-sepi.html. Última consulta el 26 de agosto de 2022.

9. La seguridad y protección del transporte

9.1. Seguridad de los mecanismos para el transporte

Puede decirse que, en la Política Común de Transportes de la Unión Europea, que ha ido consolidándose desde su constitución, destaca de manera fundamental el aspecto relativo a la seguridad. Poco a poco se han ido implementando medidas de normalización entre los Estados miembros, desarrollándose una normativa común que ha buscado incrementar las medidas de seguridad en todas las modalidades de transporte. Se han regulado las líneas generales del servicio de transportes de personas y mercancías, pero también se han normalizado los aspectos más técnicos, conducentes al control de la calidad, de la regulación de la capacitación profesional de quienes prestan los servicios y, en definitiva, de todas aquellas cuestiones imprescindibles para que el espacio europeo disponga de un transporte más seguro y más sostenible, algo que, en definitiva, venga a redundar en el logro de un mayor nivel de bienestar de los ciudadanos de la Unión Europea.

Las medidas que han sido adoptadas son diversas, dirigiéndose al transporte en general —lo que supone una mejora en la seguridad del transporte terrestre por carretera y urbano—, del transporte por carretera y ferroviario, del transporte aéreo y del transporte marítimo y por vías internas fluviales.

9.1.1. Medidas de seguridad adoptadas en el transporte terrestre por carretera

Control del transporte de mercancías peligrosas por carretera

La Directiva 95/50/CE, de 6 de octubre de 1995[148], viene a introducir un sistema uniforme para toda la Unión Europea,

148 *Vid.:* Directiva 95/50/CE del Consejo, de 6 de octubre de 1995, relativa a procedimientos uniformes de control del transporte de mercan-

consistente en controles por sondeo de los vehículos que transportan mercancías peligrosas por carretera. Su objetivo es garantizar altos niveles de seguridad, que otorguen fiabilidad a este medio de transporte.

En este sentido, se faculta a los Estados miembros para inmovilizar aquellos transportes que no cumplan con la normativa. Asimismo, se podrán llevar a cabo controles en locales de empresas. Es obligación de los Estados cooperar para que la aplicación de la normativa sea efectiva. A tal fin, cada año deberán remitir a la Comisión Europea un informe sobre su observancia. La Comisión, por su parte, debe presentar al Parlamento Europeo y al Consejo, cada tres años, un informe sobre la aplicación de la Directiva.

Conexos a esta norma, encontramos el Informe de la Comisión al Parlamento Europeo y al Consejo, sobre la aplicación por los Estados miembros de la Directiva 95/50/CE, de 6 de marzo de 2017[149], así como la Directiva 2008/68/CE, de 24 de septiembre de 2008, que regula el transporte terrestre de mercancías peligrosas[150]. Esta última, establece normas comunes que afectan a las mercancías peligrosas en el interior de los países de la Unión Europea, aplicándose a todos los tipos de transporte por carretera. Incluye regulación relativa a la carga y descarga de la mercancía, la transferencia hacia y desde otro medio de transporte, así como las paradas durante el proceso de transporte.

Normas de seguridad de la Unión Europea en túneles de carretera

En vigor desde abril de 2004, la Directiva 2004/54/CE[151] tiene como misión garantizar que todos los túneles de más de quinientos metros, tanto en servicio como en fase de construcción o de proyecto, cumplan con unos mínimos de seguridad para evitar accidentes. En virtud de la normativa,

cías peligrosas por carretera. Referencia DOUE L 249, 17.10.1995, p. 35–40.

149 COM (2017) 112 final.

150 DOUE L 260 de 30.9.2008, pp. 13-59.

151 Directiva 2004/54/CE del Parlamento Europeo y del Consejo, de 29 de abril de 2004, sobre requisitos mínimos de seguridad para túneles de la red transeuropea de carreteras. Referencia DOUE L 167, 30.4.2004, p. 39-91.

cada Estado miembro debe designar una o más autoridades administrativas que sean las responsables de todos los aspectos relativos a la seguridad del túnel. Estas autoridades deberán autorizar toda puesta en servicio de un nuevo túnel o la reconstrucción de uno ya existente, inspeccionar los túneles con regularidad, establecer planes de organización y funcionamiento de equipos de emergencia, establecer las medidas de reducción del riesgo que sean necesarias, entre otras acciones.

Permisos de conducción

La regulación de los permisos de conducción la encontramos en la actualidad en la Directiva 2006/126/CE[152], en vigor desde el año 2007, que sitúa como fecha límite para su transposición el 19 de enero de 2013. Con la directiva, se establece un nuevo permiso de conducción europeo que contribuya a la mejora de la seguridad vial y reduzca el margen de fraude. Así, regula el reconocimiento recíproco de los permisos, las condiciones para su expedición, las edades mínimas para que se expida el permiso, los aspectos relativos a los examinadores, etc.

Complementan a la directiva otros textos y documentos posteriores conexos, tales como:

- Reglamento (UE) 383/2012, de la Comisión, de 4 de mayo de 2012, que establece los requisitos técnicos con respecto a los permisos de conducción que incorporan un medio de almacenamiento (microchip) (DOUE L 120 de 5.5.2012, pp. 1-11).
- Reglamento (UE) 575/2014, de la Comisión, de 27 de mayo de 2014, por el que se modifica el Reglamento (UE) 383/2012, que establece los requisitos técnicos con respecto a los permisos de conducción que incorporan un medio de almacenamiento (microchip) (DOUE L 159 de 28.5.2014, pp. 47-49).
- Decisión (UE) 2016/1945, de la Comisión, de 14 de octubre de 2016, sobre las equivalencias entre cate-

152 *Vid.:* Directiva 2006/126/CE del Parlamento Europeo y del Consejo, de 20 de diciembre de 2006, sobre el permiso de conducción (Refundición) (Texto pertinente a efectos del EEE). Referencia DOUE L 403, 30.12.2006, p. 18-60.

gorías de permisos de conducción (DOUE L 302 de 9.11.2016, pp. 62-162).

- Reglamento (UE) 2020/698, del Parlamento Europeo y del Consejo, de 25 de mayo de 2020, por el que se establecen medidas específicas y temporales, como consecuencia del brote de COVID-19.

Gestión de la seguridad de las infraestructuras viarias

En relación con la gestión de la seguridad de las infraestructuras viarias, la normativa que la regula es la Directiva 2008/96/CE[153]. Es aplicable a todas las carreteras integrantes de la red transeuropea de carreteras, las autopistas y otras carreteras principales, con independencia de la fase en la que se encuentren —diseño, construcción o explotación—. Además, es aplicable igualmente a las carreteras situadas fuera de las zonas urbanas, a las que no tengan acceso las propiedades colindantes y que se desarrollen utilizando financiación europea, con la excepción de las carreteras que no estén abiertas o no hayan sido concebidas para la circulación general.

En cuanto a su contenido, debe señalarse que, regula las señales y las marcas viales, que deben ser legibles y detectables por los conductores humanos y los sistemas automatizados de asistencia al conductor. Además, otorga un mandato a los Estados miembros para que realicen evaluaciones de impacto de la seguridad vial, auditorías de seguridad vial, inspecciones, evaluaciones de seguridad de la red de carreteras, lleven a cabo el intercambio de mejores prácticas, entre otros contenidos. Más información conexa a la materia, la encontramos en el Reglamento (UE) 1315/2013, del Parlamento Europeo y del Consejo, de 11 de diciembre de 2013, sobre las orientaciones de la Unión para el desarrollo de la Red Transeuropea de Transporte (*DOUE L 348, 20.12.2013, p. 1–128).*

153 *Vid.:* Directiva 2008/96/CE del Parlamento Europeo y del Consejo, de 19 de noviembre de 2008, sobre gestión de la seguridad de las infraestructuras viarias. Referencia DOUE: OJ L 319, 29.11.2008, p. 59–67.

Normas conjuntas para el acceso al mercado de transporte de mercancías por carretera de la Unión Europea

La normativa en la materia viene recogida en el Reglamento (CE) 1072/ 2009, de 21 de octubre de 2009[154], que regula las normas comunes aplicables para acceder al mercado del transporte internacional de mercancías por carretera dentro de la Unión. Asimismo, establece las condiciones bajo las cuales los transportistas no residentes pueden prestar servicios de transportes en un Estado miembro. Se define para ello una licencia comunitaria y el certificado de conductor.

Además, se imponen regulaciones estrictas sobre las operaciones de cabotaje, determinando las infracciones y sus consecuencias. Posteriormente, como consecuencia de la pandemia originada por el Covid-19, fue modificado con el Reglamento (UE) 2020/1055, de 15 de julio de 2020[155], para adaptar la normativa a la evolución del sector del transporte por carretera.

Inspecciones a vehículos y remolques. Seguridad de vehículos comerciales

Para garantizar la idoneidad de todos los vehículos que circulan por la red viaria de la Unión Europea, se aprobó la Directiva 2014/45/UE[156]. A través de esta disposición, se crean centros de inspección homologados, los certificados de inspección técnica y una plataforma electrónica europea de información sobre vehículos, cuyo fin es evitar el fraude en los cuentakilómetros. Los Estados miembros tenían de

---

154 *Vid.:* Reglamento (CE) n.° 1072/2009 del Parlamento Europeo y del Consejo, de 21 de octubre de 2009, por el que se establecen normas comunes de acceso al mercado del transporte internacional de mercancías por carretera (Texto pertinente a efectos del EEE). Referencia DOUE L 300, 14.11.2009, p. 72–87.

155 DOUE L 249 de 31.7.2020, pp. 17-32.

156 *Vid.:* Directiva 2014/45/UE del Parlamento Europeo y del Consejo, de 3 de abril de 2014, relativa a las inspecciones técnicas periódicas de los vehículos de motor y de sus remolques, y por la que se deroga la Directiva 2009/40/CE Texto pertinente a efectos del EEE. Referencia DOUE L 127, 29.4.2014, p. 51–128.

plazo útil para realizar la correspondiente transposición hasta el 20 de mayo de 2018.

Por otra parte, con la Directiva 2014/47/UE[157] se regulan los requisitos de inspección técnica en carretera de vehículos comerciales, entre ellos: autobuses y autocares (categorías M2 y M3), camiones (N2 y N3) y remolques de más de 3,5 toneladas (O3 y O4), así como a tractores para el transporte comercial por carretera que alcancen una velocidad superior a 40 km/h. Además, se regula la responsabilidad de los conductores y un sistema de clasificación de riesgos. De este modo, se pretendía mejorar la seguridad vial y reducir los impactos negativos para el medio ambiente de los vehículos comerciales.

9.1.2. Medidas adoptadas en el transporte terrestre por ferrocarril

Certificación de los maquinistas de locomotoras y trenes

En todo lo que atañe a los maquinistas de locomotoras y trenes, la Directiva 2007/59/CE[158] regula los certificados y las licencias con las que estos deben contar. Así, es obligatorio que se encuentren en posesión de la aptitud, capacitación y cualificaciones necesarias que se exigen para el ejercicio de su actividad. Para acreditarlo, tendrán que contar con la siguiente documentación: una licencia que confirme que el maquinista reúne las condiciones mínimas en cuanto a aptitud médica y psicológica, escolaridad básica y competencias profesionales generales, y un certificado armonizado complementario que indique la infraestructura y el material rodante

157 *Vid.:* Directiva 2014/47/UE del Parlamento Europeo y del Consejo, de 3 de abril de 2014, relativa a las inspecciones técnicas en carretera de vehículos comerciales que circulan en la Unión y por la que se deroga la Directiva 2000/30/CE Texto pertinente a efectos del EEE. Referencia DOUE L 127, 29.4.2014, p. 134–218.

158 *Vid.:* Directiva 2007/59/CE del Parlamento Europeo y del Consejo, de 23 de octubre de 2007, sobre la certificación de los maquinistas de locomotoras y trenes en el sistema ferroviario de la Comunidad. Referencia DOUE L 315, 3.12.2007, p. 51–78.

que el maquinista está autorizado a conducir. La expedición de las licencias es competencia de las autoridades nacionales.

En relación con esta materia, podemos enumerar como legislación conexa, la siguiente:

- Decisión 2010/17/CE de la Comisión, de 29 de octubre de 2009, sobre la adopción de parámetros básicos para los registros de licencias de conducción de trenes y los certificados complementarios (DOUE L 8 de 13.1.2010, pp. 17-31).
- Reglamento (UE) 36/2010 de la Comisión, de 3 de diciembre de 2009, sobre los modelos comunitarios de licencias de conducción de trenes y certificados complementarios, (DOUE L 13 de 19.1.2010, pp. 1-27).
- Recomendación 2011/766/UE de la Comisión, de 22 de noviembre de 2011, sobre el procedimiento de reconocimiento de centros de formación y examinadores de maquinistas, (DOUE L 314 de 29.11.2011, pp. 41-46).
- Decisión 2011/765/UE de la Comisión, de 22 de noviembre de 2011, sobre los criterios para el reconocimiento de los centros que participan en la formación de maquinistas, (DOUE L 314 de 29.11.2011, pp. 36-40).
- Decisión de Ejecución 2014/89/UE de la Comisión, de 14 de febrero de 2014, relativa a un proyecto piloto para aplicar las obligaciones en materia de cooperación administrativa establecidas en la Directiva 2007/59/CE del Parlamento Europeo y del Consejo mediante el sistema de información del mercado interior (DOUE L 45 de 15.2.2014, pp. 36-39).
- Reglamento (UE) 2020/698 del Parlamento Europeo y del Consejo, de 25 de mayo de 2020, por el que se establecen medidas específicas y temporales, como consecuencia del brote de COVID-19, (DOUE L 165 de 27.5.2020, pp. 10-24).

Seguridad ferroviaria en la Unión Europea

La Directiva (UE) 2016/798[159] tiene como misión mejorar la seguridad ferroviaria en la Unión Europea, a través de una

159 *Vid.:* Directiva (UE) 2016/798 del Parlamento Europeo y del Consejo,

revisión del papel de las autoridades de seguridad nacionales y la reasignación de responsabilidades entre ellas. La mencionada normativa representa uno de los tres actos legislativos que abordan los aspectos técnicos del cuarto paquete ferroviario, que cumple con el objetivo de revitalizar este sector, ofreciendo un servicio de mayor calidad y más opciones a los pasajeros.

De este modo, se establecen una serie de medidas para desarrollar y mejorar la seguridad en el transporte ferroviario europeo. Entre las aludidas medidas que se incluyen, debemos reseñar las siguientes: se establece la Agencia Ferroviaria de la Unión Europea como órgano emisor de certificados para empresas ferroviarias que operen en más de un país de la Unión; se definen las responsabilidades entre los órganos implicados en el sistema ferroviario; se fija el desarrollo de objetivos de seguridad comunes y métodos de seguridad comunes para eliminar las barreras al desarrollo de un espacio ferroviario europeo único, entre otros. Además, se establecen principios para expedir, renovar, modificar y restringir autorizaciones y certificados de seguridad, y se definen los principios comunes para la gestión y la supervisión de la seguridad ferroviaria.

Como documentos y textos legislativos relacionados con la normativa citada, pueden considerarse los siguientes:

- Reglamento (UE) 2016/796, del Parlamento Europeo y del Consejo, de 11 de mayo de 2016, relativo a la Agencia Ferroviaria de la Unión Europea y por el que se deroga el Reglamento (CE) 881/2004 (DOUE L 138 de 26.5.2016, pp. 1-43).
- Directiva (UE) 2016/797, del Parlamento Europeo y del Consejo, de 11 de mayo de 2016, sobre la interoperabilidad del sistema ferroviario dentro de la Unión Europea (DOUE L 138, 26.5.2016, pp. 44-101).
- Reglamento (UE) 2020/698, del Parlamento Europeo y del Consejo, de 25 de mayo de 2020, por el que se establecen medidas específicas y temporales, como consecuencia del brote de COVID-19, relativas a la renovación o prórroga de determinados certificados, permisos, licencias y autorizaciones, y al aplazamiento

de 11 de mayo de 2016, sobre la seguridad ferroviaria (Texto pertinente a efectos del EEE). Referencia DOUE L 138, 26.5.2016, p. 102–149.

de determinados controles periódicos y formación continua en ciertos ámbitos de la legislación en materia de transporte (DOUE L 165 de 27.5.2020, pp. 10-24).

9.1.3. Medidas adoptadas en el transporte aéreo

Responsabilidad de las compañías aéreas en caso de accidente

En relación con la responsabilidad de las compañías aéreas en supuestos de accidente, operan los Reglamentos (CE) 2027/97, de 9 de octubre de 1997[160] y (CE) 889/2002, de 13 de mayo de 2002[161].

El Reglamento (CE) 2027/97 establece las obligaciones de las compañías aéreas en lo que se refiere a la responsabilidad con respecto a los pasajeros en caso de accidente, por los daños sufridos en diversas situaciones. En concreto, surgen estas obligaciones en caso de muerte, herida u otra lesión corporal que sufra un pasajero, cuando el accidente haya ocurrido a bordo de una aeronave o en las operaciones de embarque o desembarque. Esta responsabilidad no está sujeta a límites financieros legales, convencionales o contractuales. Asimismo, aclara requisitos de los seguros con los que deben contar las compañías y establece requisitos sobre la información que se debe comunicar por las compañías no comunitarias que operen desde, hacia y dentro de la Unión Europea.

Por su parte, el Reglamento (CE) 889/2002 se refiere a la responsabilidad de las compañías aéreas en lo que compete al transporte aéreo de pasajeros y su equipaje. Así, con la normativa se busca armonizar las normas internacionales del Convenio de Montreal, conteniendo cuestiones como la indemnización en caso de muerte o lesiones, el pago de anticipos, el retraso o la destrucción, pérdida o deterioro del equipaje.

Seguridad de la aviación civil

En materia de seguridad de la aviación civil, debemos mencionar el Reglamento (CE) 300/2008, de 11 de marzo

160 DOUE L 285, 17.10.1997, p. 1-3.

161 DOUE L 140, 30.5.2002, p. 2-5.

de 2008[162], en vigor desde abril de 2010, completado con el Reglamento de Ejecución (UE) 2015/1998, de 5 de noviembre de 2015[163], que ha sufrido diversas modificaciones desde su entrada en vigor.

Esta normativa establece las reglas y normas básicas comunes de seguridad aérea, así como los procedimientos para supervisar su aplicación. En este mismo orden de ideas, ha de decirse que, las mencionadas disposiciones son aplicables en todos los aeropuertos civiles de la Unión Europea, así como a las compañías aéreas y las personas y empresas que suministran bienes o servicios a los aeropuertos o a través de ellos.

En este sentido, se otorga la potestad a los Estados miembros para instaurar medidas más restrictivas que las normas comunes contenidas en el Reglamento, debiendo actuar sobre la base de una evaluación de riesgo. Además, deben elaborar, aplicar y mantener un programa nacional de seguridad para la aviación civil y otro programa nacional de control de calidad. Son igualmente los encargados de determinar las normas sobre sanciones que se deben imponer en caso de infracción, adoptando las medidas necesarias para garantizar su cumplimiento. Por último, hay que señalar que, cada año, la Comisión Europea habrá de publicar un informe relativo a la aplicación y cumplimiento de dicho Reglamento.

Como documentos y textos conexos a la legislación señalada en la materia que nos ocupa, podemos reseñar los que exponemos a continuación:

- Reglamento de Ejecución (UE) 2020/910, de la Comisión, de 30 de junio de 2020, por el que se modifican los Reglamentos de Ejecución (UE) 2015/1998, (UE) 2019/103 y (UE) 2019/1583, a consecuencia de la pandemia de COVID-19, (DOUE L 208 de 1.7.2020, pp. 43-47).
- Reglamento de Ejecución (UE) 2015/1998, de la Comisión, de 5 de noviembre de 2015, por el que se establecen medidas detalladas para la aplicación de las normas básicas comunes de seguridad aérea (DOUE L 299 de 14.11.2015, pp. 1-142).

162 DOUE L 97, 9.4.2008, p. 72–84.

163 DOUE L 299, 14.11.2015, p. 1–142.

- Reglamento (UE) 72/2010, de la Comisión, de 26 de enero de 2010, por el que se fijan los procedimientos de las inspecciones que realice la Comisión en el ámbito de la seguridad de la aviación (DOUE L 23 de 27.1.2010, pp. 1-5).
- Reglamento (UE) 1254/2009, de la Comisión, de 18 de diciembre de 2009, por el que se fijan criterios que permitan a los Estados miembros no aplicar las normas básicas comunes sobre la seguridad de la aviación civil y adoptar medidas de seguridad alternativas (DOUE L 338 de 19.12.2009, p. 17).
- Reglamento (CE) 272/2009, de la Comisión, de 2 de abril de 2009, que completa las normas básicas comunes sobre la seguridad de la aviación civil establecidas en el anexo del Reglamento (CE) n.o 300/2008 del Parlamento Europeo y del Consejo (DOUE L 91 de 3.4.2009, pp. 7-13).
- Informe de la Comisión al Parlamento Europeo y al Consejo - Informe anual de 2017, relativo a la aplicación del Reglamento (CE) 300/2008 sobre normas comunes para la seguridad de la aviación civil [COM (2019) 183 final de 16.4.2019].

Accidentes e incidentes de la aviación civil

El Reglamento (UE) 996/2010, de 20 de octubre de 2010[164], regula las investigaciones y la prevención de accidentes e incidentes en la aviación civil, sustituyendo desde su entrada en vigor a la Directiva 94/56/CE. La aludida disposición tiene por objeto la seguridad de la aviación, de modo que se garantice un alto nivel de eficiencia, diligencia y calidad de las investigaciones de seguridad en la aviación civil europea. En la misma se establecen normas relativas a la disponibilidad de información en tiempo oportuno, relativa a todas las personas y a todos los productos peligrosos que se encuentren a bordo de una aeronave involucrada en un accidente, y también presenta como un claro objetivo el de mejorar la asistencia a las víctimas de accidentes aéreos y a sus familiares.

164 DOUE L 295, 12.11.2010, p. 35–50.

Las Autoridades encargadas de las investigaciones de seguridad (AEIS), actúan sin interferencias exteriores, con independencia, y deben estar dotadas de medios por parte de cada Estado miembro.

Todos los accidentes o los incidentes graves en las que se vean involucradas aeronaves distintas de las especificadas en el Reglamento, deben ser objeto de una investigación en el país de la Unión Europea en cuyo territorio hayan ocurrido. Todos los países deben encargarse de que sus AEIS se integren en la Red europea de autoridades encargadas de la investigación de la seguridad en la aviación civil (ENCASIA).

En materia de Asistencia para las víctimas y sus familiares, todos los países de la Unión Europea están obligados a poner en práctica, a escala nacional, un plan de emergencia, relativo a los accidentes de aviación civil, que contenga disposiciones para la asistencia a las víctimas de los accidentes y sus familiares. Además, conviene resaltar el hecho de que, del resultado de las investigaciones deberán derivarse informes y recomendaciones de seguridad.

Otro texto dispositivo a consultar en la materia es el Reglamento (UE) 376/2014, del Parlamento Europeo y del Consejo, de 3 de abril de 2014, relativo a la notificación de sucesos en la aviación civil, que modifica el Reglamento (UE) 996/2010, del Parlamento Europeo y del Consejo, y por el que se derogan la Directiva 2003/42/CE del Parlamento Europeo y del Consejo y los Reglamentos (CE) 1321/2007 y (CE) 1330/2007, de la Comisión (DOUE L 122 de 24.4.2014, pp. 18-43).

9.1.4. Medidas adoptadas en el transporte marítimo y fluvial

Agencia Europea de Seguridad Marítima

En cuanto al transporte marítimo y fluvial, el Reglamento (CE) 1406/2002, de 27 de junio de 2002[165] creó la Agencia Europea de Seguridad Marítima (AESM). Su creación fue consecuencia de los accidentes producidos por los buques Erika en 1999 y Prestige en 2002, que dejaron patente la necesidad de crear una Agencia con estas características.

165 DOUE L 208, 5.8.2002, p. 1-9.

Con la puesta en marcha de la mencionada Agencia lo que se pretende es garantizar un nivel elevado, uniforme y eficaz de seguridad marítima en la Unión Europea, además del desarrollo de las tareas que se le encomiendan. Su misión principal consiste en ofrecer asesoramiento técnico y asistencia operativa, para mejorar la seguridad y la protección marítima y la preparación y la lucha contra la contaminación.

Es responsable del Centro de Datos de la Unión Europea de identificación y seguimiento a gran distancia de buques, así como del sistema de intercambio de información marítima (SafeSeaNet). Asimismo, ofrece apoyo orientativo a investigaciones en las que se hayan producido fallecimientos o lesiones graves.

En su mayoría, las acciones que lleva a cabo la Agencia son de carácter preventivo —entre ellas, el seguimiento de la aplicación de las leyes en la materia—, aunque también lleva a cabo tareas reactivas, como la detección de la contaminación marina a través de la vigilancia por satélite. A nivel internacional, la reiterada Agencia apoya a la Organización Marítima Internacional y a los países ribereños del mar Mediterráneo, el mar Negro y el mar Caspio.

En lo que a inspección técnica se refiere, realiza labores de supervisión e inspecciones de diverso tipo, entre ellas de las sociedades de clasificación que son organizaciones reconocidas por los países de la Unión Europea, de los sistemas de formación y certificación marítimas en países no miembros, etc.

Los textos y documentos conexos que pueden ser citados en esta materia son los siguientes:

- Reglamento (UE) 911/2014, del Parlamento Europeo y del Consejo, de 23 de julio de 2014, relativo a la financiación plurianual de la actuación de la Agencia Europea de Seguridad Marítima en el ámbito de la lucha contra la contaminación marina causada por buques y por instalaciones de hidrocarburos y de gas (DOUE L 257 de 28.8.2014, pp. 115-120).
- Directiva 2009/16/CE, del Parlamento Europeo y del Consejo, de 23 de abril de 2009, sobre el control de los buques por el Estado rector del puerto (DOUE L 131 de 28.5.2009, pp. 57-100).

- Directiva 2005/35/CE, del Parlamento Europeo y del Consejo, de 7 de septiembre de 2005, relativa a la contaminación procedente de buques y la introducción de sanciones para las infracciones (DOUE L 255 de 30.9.2005, pp. 11-21).
- Directiva 2002/59/CE, del Parlamento Europeo y del Consejo, de 27 de junio de 2002, relativa al establecimiento de un sistema comunitario de seguimiento y de información sobre el tráfico marítimo y por la que se deroga la Directiva 93/75/CEE del Consejo (DOUE L 208 de 5.8.2002, pp. 10-27).

Protección de los buques y las instalaciones portuarias

Con el objetivo de instaurar medidas para reforzar la protección del transporte marítimo internacional y nacional, así como de las instalaciones portuarias contra actos ilícitos intencionales, se aprueba el Reglamento (CE) 725/2004, de 31 de marzo de 2004[166]. De acuerdo con el citado Reglamento, los Estados miembros debían haber aplicado en su integridad para el 1 de julio de 2004 las medidas especiales para la protección marítima del Convenio SOLAS y la Parte A del Código PBIP —textos legales internacionales que ya hemos analizado en el presente trabajo anteriormente—, de acuerdo con las condiciones y respecto a los buques, compañías e instalaciones portuarias.

En relación con el ámbito nacional, los Estados miembros, en virtud del aludido Reglamento, debían decidir antes del 1 de julio de 2002 y tras una evaluación obligatoria de riesgos, en qué medida aplicarían las disposiciones del mismo a determinadas categorías de buques destinados al tráfico nacional.

Los textos y documentos jurídicos conexos acerca de la materia que nos ocupa, podrían ser señalados los que siguen a continuación:

- Reglamento (UE) 2020/698. del Parlamento Europeo y del Consejo, de 25 de mayo de 2020, por el que se establecen medidas específicas y temporales, como consecuencia del brote de COVID-19, (DOUE L 165 de 27.5.2020, pp. 10-24).

166 DOUE L 129, 29.4.2004, p. 6-91.

- Directiva 2005/65/CE, del Parlamento Europeo y del Consejo, de 26 de octubre de 2005, sobre mejora de la protección portuaria (DOUE L 310 de 25.11.2005, pp. 28-39).

Transporte fluvial seguro y eficiente: servicios de información fluvial

Por lo que a las vías navegables interiores se refiere, a través de la Directiva 2005/44/CE, de 7 de septiembre de 2005[167], se establecen los servicios de información fluvial (en adelante, SIF) en la Unión Europea. El objetivo de estos se concreta en la mejora de aspectos como la seguridad y la eficiencia, así como en facilitar los enlaces con otros medios de transporte.

De acuerdo con el apartado a) del artículo 3 del texto normativo mencionado, un SIF es *un servicio de información armonizado que apoya la gestión del tráfico y los transportes en la navegación interior, para continuar concretando que abarcan servicios como los de información sobre los canales navegables, información sobre el tráfico, gestión del tráfico, asistencia para acciones de auxilio en caso de desastre, información para la gestión del transporte, servicios estadísticos y aduaneros, y cánones fluviales y portuarios.*

Los encargados de la aplicación de la Directiva, así como de la creación de los centros de SIF, designación de supervisores e intercambio de datos internacionales son los Estados miembros. A partir de la publicación de la aludida Directiva, se han dictado otros actos jurídicos europeos que la completan y/o la complementan. Entre ellos, pueden ser citados los siguientes:

- Reglamento (CE) 414/2007, de 13 de marzo de 2007[168]: con él se definen las directrices para la planificación, ejecución y operaciones de los SIF, incluyendo su arquitectura, las recomendaciones para la prestación del servicio, su planificación y desarrollo, los procedimientos de normalización, entre otras cuestiones.

167 DOUE L 255, 30.09.2005, pp. 152-159.

168 DOUE L 105, 23.04.2007, pp. 1-34.

- Reglamento (CE) 416/2007, de 22 de marzo de 2007[169]: define las especificaciones técnicas del sistema de información y visualización de cartas electrónicas para la navegación interior. Fue modificado por el Reglamento de Ejecución (UE) 2018/2032, de 20 de noviembre de 2018[170].
- Reglamento de Ejecución (UE) 2019/ 838, de 20 de febrero de 2019[171]: que viene a derogar el Reglamento (CE) 415/2007, estableciendo especificaciones técnicas detalladas para los sistemas de seguimiento y ubicación de los buques en el transporte por vías navegables interiores.
- Reglamento de Ejecución (UE) 2019/ 1744, de 17 de septiembre de 2019[172]: referido a especificaciones técnicas sobre la información electrónica de los buques en la navegación interior, incluyendo códigos y referencias, así como un convenio que establece un manual de implantación de mensajes.

Código Internacional de Gestión de la Seguridad para Buques

El Reglamento (CE) 336/ 2006, de 15 de febrero de 2006[173], se refiere a la aplicación en la Unión Europea del Código internacional de gestión de la seguridad. Este Código fue aprobado por la Organización Marítima Internacional en 1993 y adquirió carácter obligatorio, de forma gradual, para los buques que navegan en viajes internacionales.

La finalidad del Reglamento es la mejora de la seguridad en la explotación de los buques y la prevención de la contaminación. Se aplica a determinados tipos de buques y compañías que los exploten, dejando en manos de los Estados miembros el régimen de sanciones aplicables en caso de incumplimiento. Estas sanciones deben ser efectivas, proporcionadas y disuasorias. El documento normativo es obli-

169 DOUE L 332, 28.12.2018, pp. 1-181.

170 DOUE L 332, 28.12.2018, pp. 1-181.

171 DOUE L 138 de 24.05.2019.

172 DOUE L 273 de 25.10.2019.

173 DOUE L 64 de 4.03.2006, pp. 1-36.

gatorio en todos sus elementos y aplicable directamente en todos los Estados miembros.

Como documentos conexos de carácter dispositivo, podemos reseñar los que se expresan a continuación:

- Reglamento (CE) 2099/2002, del Parlamento Europeo y del Consejo, de 5 de noviembre de 2002, por el que se crea el Comité de seguridad marítima y prevención de la contaminación por los buques (COSS), (DOUE L 324 de 29.11.2002, pp. 1-5).
- Directiva 2009/15/CE, del Parlamento Europeo y del Consejo, de 23 de abril de 2009, sobre reglas y normas comunes para las organizaciones de inspección y reconocimiento de buques, (DOUE L 131 de 28.5.2009, pp. 47-56).
- Directiva 2009/16/CE, del Parlamento Europeo y del Consejo, de 23 de abril de 2009, sobre el control de los buques por el Estado rector del puerto, (DOUE L 131 de 28.5.2009, pp. 57-100).
- Directiva 2009/45/CE, del Parlamento Europeo y del Consejo, de 6 de mayo de 2009, sobre las reglas y normas de seguridad aplicables a los buques de pasaje, (DOUE L 163 de 25.6.2009, pp. 1-140).

Reglas y normas para las actividades de inspección de buques

En relación con las actividades de inspección de buques, debemos hacer referencia a la Directiva 2009/15/CE, de 23 de abril de 2009[174], por la que se establecen reglas y condiciones bajo las cuales un país de la Unión Europea puede autorizar a una organización reconocida a realizar inspecciones obligatorias, así como emitir certificaciones en su nombre. De este modo, cabe afirmar que, los países que forman parte de la Unión Europea pueden autorizar a las organizaciones a efectuar total o parcialmente las inspecciones y reconocimientos relacionados con los certificados obligatorios de los buques.

Cabe señalar que, cuando un Estado miembro autoriza a una organización reconocida, establece con ella una relación de trabajo, que se encuentra regida por un acuerdo con cláu-

174 DOUE L 131, de 28.05.2009, pp. 47-56.

sulas sobre la limitación de la responsabilidad financiera, la auditoría periódica, las inspecciones aleatorias o la comunicación obligatoria de informaciones relacionadas con la clase de un buque.

Cada Estado miembro, al supervisar buques, debe informar a la Comisión y al resto de países comunitarios en los siguientes casos: 1) si un buque cuenta con un certificado obligatorio válido, pero no cumple los requisitos obligatorios, o 2) si se constata que un buque con un certificado de clasificación válido incumple elementos cubiertos por el certificado.

Esta Directiva se adoptó conjuntamente con el Reglamento (CE) 391/2009, de 23 de abril de 2009[175], por el que se crea un sistema de licencias que se configura como una condición previa para la autorización de toda organización por un país de la Unión Europea, conforme lo dispone la Directiva 2009/15/CE.

Buques de pasaje

En lo que se refiere a los buques de pasaje, opera la Directiva 2009/45/CE, de 6 de mayo de 2009[176] y la Directiva 2017/2108, de 15 de noviembre de 2017[177]. Estas dos disposiciones señaladas, tienen como objetivo introducir normas de seguridad uniformes para las personas y los bienes a bordo de buques de pasaje, pero también de naves de gran velocidad, como hidroplaneadores, utilizadas en travesías nacionales en aguas de la Unión Europea (UE), es decir, entre puertos del mismo país de la Unión.

La Directiva 2009/45/CE es aplicable a determinados buques y naves de pasaje con independencia de su pabellón, en aquellos casos en los que realicen travesías nacionales. Entre los incluidos se aplica a los buques de pasaje nuevos, a los buques de pasaje existentes de eslora igual o superior a 24 metros y a las naves de pasaje de gran velocidad. Además, divide a los buques de pasaje en cuatro clases y efectúa prescripciones en cuestiones tales como la estabilidad y la retirada progresiva de buques de pasaje de transbordo rodado, las personas con movilidad reducida, las medidas

175 DOUE L 131, de 28.05.2009, pp. 11-23.

176 DOUE L 163, 25.6.2009, p. 1–140.

177 DOUE L 315, 30.11.2017, p. 40–51.

suplementarias, equivalencias, exenciones y medidas de salvaguardia.

Como documentos jurídicos y textos conexos pueden ser mencionados los siguientes:

- Propuesta de Recomendación del Consejo sobre los objetivos de seguridad y los requisitos funcionales aplicables a los buques de pasaje de menos de 24 metros de eslora [COM (2018) 314 final, 23.5.2018].
- Directiva (UE) 2017/2109, del Parlamento Europeo y del Consejo, de 15 de noviembre de 2017, que modifica la Directiva 98/41/CE del Consejo. (DOUE L 315 de 30.11.2017, pp. 52-60).
- Directiva (UE) 2017/2110, del Parlamento Europeo y del Consejo, de 15 de noviembre de 2017, (DOUE L 315 de 30.11.2017, pp. 61-77).
- Directiva 98/41/CE, del Consejo, de 18 de junio de 1998, (DOUE L 188 de 2.7.1998, pp. 35-39).
- Directiva 98/18/CE, del Consejo, de 17 de marzo de 1998, (DOUE3 L 144 de 15.5.1998, pp. 1-115).

10. La financiación de la Política de Transportes de la Unión Europea

10.1. Nociones básicas sobre el presupuesto europeo

La Política Común de Transportes, así como el resto de políticas europeas, son financiadas, en su mayor parte, por el presupuesto de la Unión Europea. A modo de resumen previo al desglose y explicación de la PCT en el presupuesto de los últimos años, y para facilitar al lector su comprensión, se darán, a continuación, unas breves nociones básicas y generales sobre la materia.

En primer lugar, en cuanto al fundamento jurídico de la política financiera y presupuestaria debemos remitirnos al Título II de la Sexta parte del TFUE, de modo que, encontramos aspectos como las disposiciones generales en los artículos 310 y 311, donde se alude a gastos e ingresos. Otros temas regulados en el Tratado son el marco financiero plurianual (artículo 312), el presupuesto anual (artículos 313 a 316), la ejecución presupuestaria y el mecanismo para la aprobación de la gestión (artículos 317 a 319), las disposiciones generales de la política financiera (artículos 320 a 324) y la lucha contra el fraude (artículo 325).

Pues bien, de acuerdo con esta normativa los ingresos y gastos de la Unión Europea deberán estar previstos y consignados en su presupuesto, debiendo existir un equilibrio entre ambos. Los gastos deben cumplir con los principios de unidad, veracidad presupuestaria, anualidad, equilibrio, unidad de cuenta, universalidad, especialidad, buena gestión financiera y transparencia. Su principal finalidad debe ser la realización de los objetivos propuestos en las distintas políticas, que varían según el ejercicio presupuestario. Adicionalmente, se prevé financiación para casos de emergencia y situaciones sobrevenidas y se incluyen los gastos de las instituciones.

Por su parte, los ingresos tienen como principal fuente los recursos propios y se dividen en tres categorías: 1) los recursos propios tradicionales; 2) los que tienen su origen y fundamento en el IVA; y, 3) los que encuentran su fundamento en las contribuciones basadas en la renta nacional bruta de los Estados miembros. Otras fuentes de ingresos son: las multas a empresas, las contribuciones para programas concretos de terceros países y el saldo positivo restante del ejercicio anterior.

En el presupuesto europeo, existen dos figuras que son fundamentales para comprenderlo: el marco financiero plurianual y el presupuesto anual. El primero de ellos adquirió fuerza vinculante con el Tratado de Lisboa y, de acuerdo con el artículo 312 del TFUE, éste tiene como objetivo garantizar la evolución ordenada de los gastos de la Unión dentro del límite de sus recursos propios. Se fija para un período mínimo de 5 años y marca los límites máximos anuales de los créditos para compromisos y de los créditos para pagos, que deberán ser respetados por los presupuestos anuales durante su vigencia. De concluir el plazo de 5 años de vigencia del marco financiero plurianual sin que se hubiese aprobado uno nuevo para los 5 años siguientes, se prorrogará lo establecido en el último año del marco anterior.

El presupuesto anual, por su parte, debe respetar los límites del marco financiero plurianual y se establece mediante un procedimiento legislativo especial. Su vigencia abarca del 1 de enero hasta el 31 de diciembre de cada año, prorrogándose en caso de no aprobación de uno nuevo para el siguiente período.

En cuanto a la ejecución del presupuesto, es preciso advertir que, la principal responsable es la Comisión Europea, en tanto que institución de la Unión que ostenta el poder ejecutivo, que cuenta, además, con el apoyo de los Estados miembros. La ejecución del presupuesto se puede llevar a cabo a través de la utilización de tres métodos distintos: la gestión directa, la gestión indirecta y la gestión compartida. La gestión directa la desarrollan los servicios y el personal en las delegaciones de la Comisión, mientras que la gestión indirecta supone delegar las competencias de ejecución en terceros países, organizaciones internacionales u otros organismos. Por último, la gestión compartida supone la delegación en los Estados miembros de las funciones ejecutivas.

Las acciones de control sobre las operaciones presupuestarias las llevan a cabo las instituciones y los Estados miembros. Estos últimos controlan fundamentalmente los gastos e ingresos, y las Instituciones deben realizar un control interno a través de las figuras del ordenador, el contable y el auditor. El ordenador tiene la competencia de ejecutar los gastos y los ingresos. El contable debe asegurar la llevanza correcta de la contabilidad, de modo que la ejecución de los gastos e ingresos sea la apropiada, y por último, el auditor interno evalúa los sistemas de gestión y de control de la ejecución presupuestaria y tiene carácter independiente.

10.2. Presupuesto destinado a la Política Común de Transportes

Una vez conocemos las nociones básicas sobre el presupuesto europeo, cabe señalar que, la Política Común de Transportes se financia de fuentes diversas, tanto públicas como privadas. En este sentido, como parte de las fuentes públicas, encontramos a las partidas incluidas en el Marco Financiero Plurianual (MFP) y el presupuesto anual, así como a los instrumentos específicos que se destinan a estos fines o a la promoción de otros, en estrecha relación con el transporte. Éstos incluyen el Mecanismo Conectar Europa, Horizonte Europa o el Fondo Europeo de Inversiones Estratégicas que gestiona el Banco Europeo de Inversiones. Otros pilares de financiación lo integran empresas comunes como SESAR3[178] o la Empresa Común para el Ferrocarril Europeo[179] (EU-Rail).

Pues bien, a modo de ejemplo se citarán a continuación algunas de las previsiones financieras para el transporte en los años venideros. En primer lugar, en el Libro Blanco del Transporte del año 2016 se expone que, para el correcto funcionamiento de una red de transportes, el coste del desarrollo de infraestructuras se situaba en 1.5 billones de euros para el período comprendido entre 2010 y 2030. Además, preveía que la finalización de la RTE-T hasta el año 2020, conllevaría aproximadamente 550.000 millones de euros de gasto, sin incluir las inversiones en vehículos, equipos y tarificación de infraestructuras. Finalmente, de acuerdo con la información expuesta por el Considerando 25 del Reglamento (UE) 2021/1153, de 7 de julio de 2021[180], este objetivo se ha retrasado a 2030, estimándose actualmente un gasto de 350.000 millones de euros para el período 2021-2027, lo cual deja clara cuenta de la importancia actual que se le confiere al sector desde la Unión Europea.

En la misma línea, el MFP 2021-2027 dispone de 21.400 millones de euros para proyectos en materia de transportes. Es menester destacar que las partidas relativas al transporte se integran en el Mecanismo «Conectar Europa» (en adelante, MCE), Que incluye asimismo la energía y el sector digital. En el Reglamento (UE) 2021/ 1153, que regula al Mecanismo, tras señalar que la dotación en transportes persigue el objetivo de financiar proyectos de innovación que se centren en la reducción del impacto medioambiental y en el uso eficiente de la energía, dispone que el 60 % del monto total de financiación debe destinarse a objetivos climáticos. De este modo, debe cubrirse el 100 % para gastos relativos a infraestructuras ferroviarias, infraestructuras de carga, combustibles alternativos y sostenibles, transporte urbano limpio, transporte de

178 Se trata de una asociación institucionalizada, con socios públicos y privados, que pretende hacer realidad la idea del cielo europeo digital, a través de la investigación y la innovación.

179 Su finalidad es agilizar la investigación y la innovación ferroviarias para apoyar el espacio ferroviario europeo único.

180 DOUE L 249, de 14.07.2021, pp. 38-81.

electricidad, almacenamiento de electricidad, redes inteligentes, transporte de CO_2 y energías renovables; y el 40 % para vías navegables interiores y transporte multimodal, así como infraestructuras de gas, siempre y cuando ello permita aumentar el uso del hidrógeno o el biometano renovables.

De igual forma, se señala la transferencia de una parte de la dotación del Fondo de Cohesión para el período 2021-2027 al MCE, con el objetivo de financiar proyectos de transporte en las zonas menos desarrolladas de la RTE-T. Asimismo, de acuerdo con lo previsto por el Consejo Europeo en 2020, han de emplearse del MFP en curso 1 384 000 000 euros del MCE a la finalización de los principales enlaces ferroviarios transfronterizos entre países de la cohesión todavía pendientes. Las señaladas son solo algunas de las dotaciones que se prevé destinar al transporte por parte del MCE.

Otro de los instrumentos a tener en cuenta es Horizonte Europa, qué viene reemplazar a Horizonte 2020 para el período 2021-2027. Este programa está considerado el más ambicioso hasta la fecha de los instrumentos para desarrollar políticas de I+D+i. su dotación es de 95.517 millones de euros y se prevé genere 11 euros en ganancia del PIB por cada euro invertido[181]. Se encuentra dividido en tres pilares, integrando al transporte en el Pilar dos, llamado «Desafíos Globales y Competitividad Industrial Europea». Este Pilar se subdivide en seis clústeres, perteneciendo las cuestiones de movilidad al clúster 5, que cuenta con una dotación económica de 15.123 millones de euros, siendo la segunda partida más elevada.

Como estos, otros instrumentos y medios de financiación, tanto europeos como nacionales, se pretenden impulsar las acciones sobre el transporte para su desarrollo y para transformar el sector, de modo que, pueda ser más eficiente y respetuoso con el medio ambiente.

Bibliografía

Molina del Pozo, C.F.: *Tratado de Derecho de la Unión Europea*, 4 vols., Juruá Editora, Curitiba-Lisboa, 2015.

181 *Vid.:* https://www.horizonteeuropa.es/que-es. Última consulta el 5 de septiembre de 2022.

Molina del Pozo, C.F.: «La participación activa de los ciudadanos en la construcción europea», *Cuadernos Europeos*, n.° 7, 2009.

Molina del Pozo, C.F.: *Derecho de la Unión Europea*, 7.ª edición, Editorial Reus, Madrid, 2023.

Molina del Pozo, C.F.: *Derecho del Turismo en la Unión Europea*, Edit. Tirant lo Blanch, Valencia, 2021.

Jurisprudencia europea de especial interés

- **Artículos de los Tratados:**

  TFUE: Libre circulación de trabajadores: 45 a 48. Derecho de establecimiento: 49 a 55.

- **Principio fundamental:**

  TJUE, Comisión / Alemania, de 17 de enero de 2008 (Asunto C-152/05).

- **Libre circulación de personas:**

  TJUE, Comisión / Dinamarca, de 15 de septiembre de 2005 (Asunto C-464/02). TJUE, Comisión / Alemania, de 18 de julio de 2007 (Asunto C-212/05).

  TJUE, Comisión / Alemania, de 17 de enero de 2008 (Asunto C-152/05).

- **Excepciones a la libre circulación de personas:**

  TJUE, MRAX, de 25 de julio de 2002 (Asunto C-459/99).

  TJUE, Comisión / Holanda, de 7 de junio de 2007 (Asunto C-50/06). TJUE, Dör y ünal, de 2 de junio de 2005 (Asunto C-136/03).

- **Libre circulación de trabajadores:**

  TJUE, Ritter-Coulais, de 21 de febrero de 2006 (Asunto C-150/03). TJUE, Wendy Geven, de 18 de julio de 2007 (Asunto C-213/05).

PARTE IV

11. La Política Común de Transportes

La Política Común de Transportes en la Unión Europea encuentra su base jurídica en el artículo 4, apartado 2, letra g) y, también, en todo el Título VI del Tratado de Funcionamiento de la Unión Europea. Su importancia está fuera de toda duda, por cuanto que, ya en el Tratado de Roma se le dedicó a este asunto un Título propio, pasando a ser uno de los ámbitos de la política común. Desde los cimientos de la Unión Europea se pretendió dar prioridad a la creación de un espacio común de transportes, liberalizando la prestación de servicios y los mercados entre todos los Estados miembros. Sin embargo, la vía hacia una legislación común en el ámbito de los transportes no se abrió hasta que el Parlamento presentó un recurso por omisión o carencia contra el Consejo. En su sentencia de 22 de mayo de 1985 en el asunto 13/83, el Tribunal de Justicia de la Unión Europea insta al Consejo a actuar, es decir, a poner verdaderamente en marcha una auténtica política de transportes común. Posteriormente, el 2 de diciembre de 1992, la Comisión Europea adoptó el Libro Blanco sobre el curso futuro de la Política Común de Transportes[182], donde se abordaban temas como la apertura de los mercados del transporte, el desarrollo de la red transeuropea de transporte, el refuerzo de la seguridad y la armonización social en materia de transporte.

Esta política común se ha desarrollado a lo largo de estos decenios de manera progresiva, abriéndose a la competencia libre dentro del ámbito de la Unión Europea. En el Libro Blanco de septiembre de 2001 titulado «La Política Europea

182 COM (1992)0494.

de Transportes de cara al 2010: la hora de la verdad»[183], la Comisión Europea analizaba los problemas y las exigencias a los que se enfrentaba la Política de Transportes Europea y pronosticaba un fuerte incremento del volumen de transporte, que se traduciría en un aumento de las sobrecargas y atascos, especialmente, en el tráfico aéreo y por carretera, así como en mayores consecuencias negativas para la salud y el medio ambiente. Por ello, se pretendió el desarrollo del transporte por ferrocarril y por vías navegables internas. Ya se vislumbraba, por tanto, la problemática de incremento exponencial del transporte en la Unión Europea [184].

Ante esta situación, el Reglamento (CE) 1382/2003, de 22 de julio de 2003[185], vino a contribuir a la implementación de medidas para un mayor aprovechamiento de las infraestructuras de transporte dentro de la Unión, que conllevaron la integración de la cadena logística para transferir el transporte por carretera a otras modalidades menos contaminantes, tales como el marítimo de corta distancia, por vías navegables interiores y por ferrocarril.

Por otra parte, la libre competencia en el mercado de los transportes ha obligado a establecer procedimientos equitativos entre los diferentes tipos de transporte, lo que ha propiciado el desarrollo de la armonización, que ha tenido su expresión dentro de las disposiciones legales, reglamentarias y administrativas en todos los Estados miembros. La supresión de las fronteras interiores, la liberalización del mercado y los precios competitivos alcanzados, así como los nuevos sistemas productivos, han provocado un aumento del número de personas y mercancías transportadas. De esta forma, han surgido nuevos problemas a resolver que no habían sido contemplados al inicio de la Política de Común de Transportes, pero que han cobrado especial importancia en el momento actual, es decir, se trata, por ejemplo, de los costes sociales y ecológicos del crecimiento del transporte en la Unión Europea. Así pues, la sostenibilidad se ha transformado en un aspecto muy relevante en la actualidad, por cuanto que, el sector del transporte genera, aproximada-

183 COM (2001)0370.

184 *Vid.:* https://www.europarl.europa.eu/ftu/pdf/es/FTU_3.4.1.pdf. Última consulta el 14 febrero 2022.

185 *Vid.:* DOUE L 196, 2.8.2003, p. 1–6.

mente, la cuarta parte de las emisiones de gases de efecto invernadero.

En el Libro Blanco sobre el Transporte de 2011, se recomendaba una reducción de emisiones en el transporte del 20 % hasta el 2030, y del 60 % hasta el 2050. También se proponía la utilización de combustibles sostenibles «hipocarbónicos» en todos los medios de transportes (marítimo, aéreo y terrestre), planteándose la reducción en el transporte urbano en un 50 por 100 hasta el año 2030, y totalmente en el año 2050. Las mencionadas cifras, no obstante, resultan insuficientes si partimos de los objetivos marcados en la Conferencia del Clima de Paris (COP21) de diciembre de 2015, y por ello la Comisión Europea ha desarrollado un Plan de acción, que es conocido por el nombre de «Un Pacto Verde Europeo»[186], el cual va más allá de lo planificado en el Libro Blanco, y que pretende conseguir una movilidad inteligente y sostenible, estableciendo materia legislativa climática y obligaciones jurídicas. Su objetivo consiste, por tanto, en lograr que en el transporte se emplee menos energía y que esta sea más limpia, mejorando la explotación de las infraestructuras y reduciendo el efecto negativo sobre el medio ambiente.

En 2021 la Comisión ha presentado nuevos propuestas legislativas en el ámbito del transporte, que afectan al régimen de comercio a los derechos de emisión (RCDE), a las infraestructuras por los combustibles alternativos y a las normas de emisiones de CO_2, aunque en el corto plazo se hacen previsibles nuevas propuestas que revisen los sistemas de transporte inteligentes, las redes transeuropeas (RTE-T), los corredores ferroviarios, y nuevas normas de emisión posteriores a la Euro 6/VI para turismos, furgonetas, camiones y autobuses.

Toda la actividad legislativa de la Comisión Europea ha ido acompañada de un activo papel por parte del Parlamento Europeo, encaminado siempre a conseguir la liberalización del transporte al modelo de movilidad sostenible. Se ha legislado para dar logro a la armonización de las condiciones sociales, fiscales, técnicas y de normas de seguridad en el transporte. El Libro Blanco de 2001 vino acompañado de un Resolución del Parlamento Europeo, de 12 de febrero de 2003, en la que se remarcaba absolutamente a la sostenibilidad como base para

186 COM (2019)0640.

la política europea de transportes. Del mismo modo, el 9 de julio de 2008, el Parlamento avaló el Libro Verde de la Comisión, publicado el 25 de septiembre de 2007, reclamando un planteamiento integrado sobre movilidad urbana sostenible, que ha sido reiterado por esta institución asamblearia a través de una nueva Resolución del Parlamento Europeo de 2 de diciembre de 2015.

El Parlamento Europeo también ha expresado su apoyo a los objetivos establecidos por la Comisión para el 2030 y 2050 en su Libro Blanco de 2011, y ha pedido a la Comisión Europea que proponga medidas legislativas adicionales para establecer un sistema de transporte de bajas emisiones que, al mismo tiempo, incremente la transparencia entre las modalidades de transportes, con infraestructuras modernas y financiación inteligente. En consecuencia, lo que se pretende no es otra cosa que, situar a los usuarios en el centro de la Política de Transporte Común sobre la base de un sistema sostenible de bajas emisiones. Para ello, se busca el desarrollo de las fuentes de energía alternativas. El Parlamento Europeo aprobó, en octubre de 2018, una Resolución que pedía a la Comisión Europea, la revisión de la Directiva 2014/94/UE relativa a la implantación de infraestructuras para los combustibles alternativos. El 13 de noviembre de 2020, el Parlamento Europeo aprobó una Resolución sobre el Plan de Inversiones para una Europa Sostenible, que incluye, además, medidas urgentes para paliar las consecuencias de la pandemia originada por el COVID19 en materia de transporte, aunque esta sea una situación que no se mantendrá en el tiempo indefinidamente, pero, obviamente, parece evidente que sí que servirá de ensayo para futuras situaciones de emergencia sanitaria que pudieran producirse[187].

La estrategia de la Unión para conseguir los objetivos que tiene marcados en lo que a Política Común de Transporte se refiere, y siguiendo la estrategia del Libro Blanco del Transporte, una iniciativa por y para el futuro[188], se concreta en diversas medidas que deben adoptarse en el futuro inmediato, y que permitirán contar con un sistema sostenible donde se conju-

---

187 *Vid.:* https://www.europarl.europa.eu/factsheets/es/sheet/123/la-politica-comun-de-transportes-principios-generales. Última consulta el 14 de febrero de 2022.

188 *Vid.:* Fecha: 14 septiembre 2021. Ver en: https://www.ewebtrans.com/blog/es/libro-blanco-del-transporte/. Última consulta el 14 de febrero de 2022.

guen una explotación razonable de las infraestructuras de todo orden, y una reducción de la utilización de energías altamente contaminantes, que contribuya a la reducción de la emisión de gases contaminantes.

12. Políticas que afectan a la Política de Transportes

La Política de Transportes, por las propias características del servicio al que se refiere, con bastante frecuencia se ve afectada por otras políticas comunitarias. Tal es el caso, por ejemplo, de la Política de Turismo, la Política de Empleo o la cada vez más importante Política Medioambiental. Por tanto, para comprender la regulación europea del transporte será necesaria la remisión, en muchas ocasiones, a normas y disposiciones que, sin ir destinadas concretamente a ordenar y sistematizar la materia, termina modificando y/o matizando su contenido. Por ese motivo, a continuación, se proceden a exponer sucintamente diversos aspectos de otras políticas, con el objetivo de completar la información proporcionada hasta el momento.

12.1. Política medioambiental

Su base jurídica la encontramos en los artículos 11 y 191 a 193 del TFUE. Así, se confiere a la Unión Europea la competencia sobre todos los ámbitos medioambientales, aunque se encuentra limitada la actuación por la aplicación del principio de subsidiariedad y por la exigencia del requisito de la unanimidad en el Consejo, para algunas cuestiones.

La Política Medioambiental de la Unión Europea se encuentra, fundamentalmente, basada en los principios de cautela, prevención, corrección de la contaminación en su fuente y «quien contamina paga». Este último se aplica desde la entrada en vigor de la Directiva 2004/35/CE, de 21 de abril de 2004[189] y afecta directamente al sector del transporte. De esta forma, por ejemplo, en los supuestos de transporte de mercancías peligrosas, se han de tomar las medidas para evitar una amenaza al medio ambiente. De producirse un daño, los responsables

189 DO L 143 de 30.4.2004, pp. 56/75.

están obligados a actuar adecuadamente para remediarlo y, en cualquier caso, a pagar los costes generados.

La Política Medioambiental, conforme aumenta la emergencia climática, se ha ido modificando a pasos agigantados. Evidentemente, este proceso se vio acelerado tras el Acuerdo de París de finales de 2015. Desde entonces, por parte de la Unión Europea se han propuesto incesantemente medidas para liderar la lucha medioambiental y contra el cambio climático a nivel internacional. Resultado de todos los esfuerzos llevados a cabo es, por ejemplo, la adopción en el año 2019 del conocido como Pacto Verde Europeo.

Centrándonos en el transporte, hemos de señalar que, este sector constituye una fuente constante de presiones medioambientales, contribuyendo, en una gran medida, a la contaminación atmosférica y al ruido, en tanto que factores determinantes del impacto ambiental. Además, también influye en ámbitos como la expansión urbana descontrolada o la fragmentación de los hábitats. Es de destacar que, asimismo, es responsable en una importante medida de las emisiones de gases de efecto invernadero, provocado, fundamentalmente, por los coches, autobuses, camiones y furgonetas, todos los cuales producen más del 70 % de las emisiones del sector. Si a ello añadimos que, tomando como referencia los valores de 1990, el transporte es uno de los puntos o zonas en que más han aumentado estas emisiones, no es de extrañar que se redoblen los esfuerzos en este sentido indicado.

Las medidas que se plantean se centran en transformar las modalidades del transporte hacia otras menos contaminantes y más eficientes, con infraestructuras sostenibles y con la garantía de que los precios reflejarán el impacto medioambiental de su uso.

Ahora bien, como parte de la Política de Medio Ambiente, las medidas que afectan al transporte se han centrado, fundamentalmente, en la descarbonización del sector y en la imposición de límites de emisiones. Paulatinamente, estas regulaciones han ido modificando la Política de Transportes para hacerla menos contaminante. Así, en la Comunicación de la Comisión «Una Estrategia Europea a favor de la movilidad de bajas emisiones»[190], fue definido un sistema de transporte más eficiente, la transición hacia vehículos con bajas o cero emisiones y el uso

190 COM/2016/501 final.

de combustibles menos contaminantes, como áreas prioritarias de actuación. La misma previsión se realiza en la Estrategia de la Comisión «Un planeta limpio para todos: la visión estratégica europea a largo plazo para una economía próspera, moderna, competitiva y climáticamente neutra»[191]. En este documento reseñado, se expone, además, la importancia de una mejor planificación urbana, de la materialización de los beneficios del transporte público y del uso de fuentes renovables de energía.

Por otra parte, han sido dictadas medidas vinculantes que incluyen temas como los límites de emisiones, los requisitos de los combustibles, los mapas de ruido y los planes de acción de gestión del ruido para grandes infraestructuras del transporte.

Por último, es oportuno señalar que, en fechas recientes, el Consejo Europeo, el Parlamento Europeo y la Comisión Europea llegaron a un acuerdo para prohibir la venta de coches y furgonetas nuevas de diésel y gasolina a partir del año 2035. El objetivo consiste en lograr que, para el citado año, solo se vendan coches 100 % eléctricos y de pila de hidrógeno y, para el año 2050, que únicamente circulen coches que no contaminen. No obstante, puede afirmarse que, todavía quedan por definir medidas orientadas a incentivar la compra de estos vehículos indicados, algo que, actualmente, resulta ser inalcanzable para quienes poseen las rentas más bajas, así como su afectación y/o dependencia de la electricidad, cuyo coste se encuentra, por distintos motivos, en cifras desorbitantes. Adicionalmente, se aprobó una reducción de emisiones de CO_2 del 55 % para coches nuevos y del 50 % para furgonetas nuevas para 2030[192]. todo ello nos lleva a afirmar que, la Política Medioambiental no solo afecta al sector del transporte, sino que lo está transformando directamente.

12.2. Política de seguridad vial

La política de seguridad vial está estrechamente vinculada con la Política de Transportes, en tanto que una es complementaria de la otra. El artículo 91.1 c) del TFUE expone que, se establecerán aquellas medidas que permitan mejorar la seguridad en los transportes, derivando de este precepto la

191 COM/2018/773 final.

192 *Vid.:* https://www.elmundo.es/motor/2022/10/28/635b226bfc6c83835c8b45d7.html. Última consulta el 31 de octubre de 2022.

necesidad de establecer una política relativa a la seguridad vial. La normativa europea en la materia abarca temas tales como los requisitos necesarios para poder circular, la regulación de los túneles de carretera, las medidas de seguridad que garantizan un viaje seguro o las infraestructuras. Desde la Unión Europea, actualmente, rigen orientaciones que se definen por períodos, siendo el vigente el que abarca desde 2021 hasta 2030. Además, debe señalarse que, a través de distinta normativa jurídica, se regulan aspectos relativos a la seguridad vial en general que, posteriormente, los Estados miembros desarrollarán a través de sus planes de acción nacionales en la materia.

Pues bien, de acuerdo con el Documento de Trabajo de los servicios de la Comisión «Marco de la política de la Unión Europea en materia de seguridad vial para 2021-2030»[193], entre 2001 y 2010 se redujo en un 43 % el número de víctimas mortales en carretera. Asimismo, entre 2010 y 2018 disminuyó otro 21 %. A pesar de ello, señala el documento que, los datos indican un estancamiento en lo que a reducción de la tasa de mortalidad en carretera se refiere. Es por ello que, en la llamada Declaración de La Valeta, se apunta que *la seguridad vial es una responsabilidad compartida que requiere la actuación concreta y conjunta de las instituciones de la Unión Europea, los Estados miembros, las autoridades regionales y locales, la industria y la sociedad civil*[194].

En lo que a infraestructuras se refiere, debemos destacar la ordenación sobre carreteras. Concretamente, esta temática se regula a través de la Directiva 2008/96/CE, de 19 de noviembre de 2008[195], modificada por la Directiva (UE) 2019/1936, de 23 de octubre de 2009[196] y en vigor desde diciembre de 2021. En ella se exige el establecimiento de procedimientos de evaluaciones de impacto de la seguridad vial, las inspecciones, las auditorías y las evaluaciones de toda la red por los Estados miembros a partir del año 2024,

---

193 SWD/2019/283 final.

194 *Vid.:* https://www.autopistas.com/blog/codo-con-codo-con-la-union-europea-en-materia-de-seguridad-vial/#:~:text=La%20Declaraci%C3%B3n%20de%20La%20Valeta%20apunta%20que%20%E2%80%9Cla%20seguridad%20vial,industria%20y%20la%20sociedad%20civil%E2%80%9D. Última consulta el 30 de septiembre de 2022.

195 DOUE L 319, de 29.11.2008, pp. 59-67.

196 DOUE L 305, de 26.11.2009, pp. 1-16.

para que la seguridad vial esté garantizada. Asimismo, existe normativa y mecanismos de financiación para mejorar la fiabilidad de los puentes, los pasos a nivel y los túneles. En este último supuesto, puede indicarse que, aunque los accidentes no son tan frecuentes, sí que presentan una alta mortalidad, de ahí que cuenten con una legislación específica, en concreto, la Directiva 2004/54/EC, de 29 de abril de 2004[197].

Por su parte, en la Comunicación «Europa en movimiento: una movilidad sostenible para Europa: segura, conectada y limpia»[198], se presenta por parte de la Comisión Europea un nuevo enfoque de la política de seguridad vial, con el objetivo, a largo plazo, de conseguir cero fallecimientos para el año 2050 (*Visión Cero*). Además, se determina la aplicación del Sistema Seguro a escala de la Unión Europea para garantizar vehículos e infraestructuras seguros, aumentando esta en las carreteras y consiguiendo una mejor atención post accidente. Por último, los dispositivos móviles y el uso de la tecnología también son abordados por su repercusión en la seguridad del transporte.

En la misma línea, las Orientaciones para el período 2021-2030 en materia de seguridad vial, adoptan las dos iniciativas antes mencionadas para corregir el estancamiento en cuanto a muertes se refiere, es decir, la Visión Cero y el Sistema Seguro. Una de las herramientas a las que más se han dedicado recursos es a la financiación de aquellos proyectos que promuevan la seguridad vial. De este modo, se ponen a disposición 200 millones de euros para esta temática y para la digitalización, fondos que, en caso de tratarse de actualizaciones de infraestructuras, serán compatibles con los distintos fondos regionales.

Asimismo, se propone una estrategia integral sobre movilidad conectada y automatizada, que incluye cuestiones tales como la combinación de los aspectos medioambientales con la adopción de medidas de seguridad vial, como puede ser la creación de entornos más seguros para caminar y andar en bicicleta.

Sin dudas, una de las grandes temáticas en la materia es la referida a los vehículos seguros. En este contexto, la Comisión Europea propuso la revisión de los reglamentos de

197 DOUE L 167, de 30.4.2004.

198 COM/ 2018/293 final.

seguridad del vehículo en general y de seguridad peatonal con el objetivo de elevar a obligatorias algunas características (visión directa mejorada para camiones, frenado de emergencia autónomo o asistencia inteligente de velocidad). Esta modificación se materializó con el Reglamento (UE) 2019/2144, de 27 de noviembre de 2019[199].

En definitiva, la política de seguridad vial es una de las grandes preocupaciones de la Unión Europea en lo que a transporte se refiere. De igual forma, hemos de insistir en el hecho de que, la política de seguridad vial y la Política Común de Transportes están estrechamente relacionadas, de suerte que, la primera, no solo ayuda a salvar vidas, sino que, también, contribuye a aumentar la fiabilidad del transporte en general.

12.3. Política de tarificación de infraestructuras del transporte por carreteras

La tarificación vial es un término que se utiliza para hacer referencia a cualquier sistema de pago en el que el conductor/empresa paga, de forma directa, por el uso de una carretera o red de carreteras en un determinado país, región o carretera. No solo eso, sino que, también, existen estas políticas para el transporte marítimo y aéreo.

En lo relativo a la tarificación de infraestructuras del transporte por carretera, es necesario diferenciar entre el tráfico de mercancías y el uso por vehículos privados. En este último, se entiende que debe aplicarse el principio de subsidiariedad. En cuanto a la tarificación aplicable al tráfico de mercancías, desde la Unión Europea, ya en la década de 1990, se buscaba resolver los problemas que presentaba.

En el Libro Verde de la Comisión Europea «Hacia una tarificación equitativa y eficaz del transporte»[200], se pone en evidencia la necesidad de corregir el desfase existente en aquel momento entre el precio pagado por el usuario y el coste real del servicio, dando incentivos a los usuarios y a los fabricantes para corregir sus hábitos. Posteriormente, con

199 DOUE L 325, de 16.12.2019.

200 COM/1995/691 final.

la aparición del Libro Blanco sobre Tarifas Justas por el uso de infraestructuras[201], se diseña un sistema por etapas para instaurar un marco común en la materia en el contexto de la Unión Europea. Aún más, con el Libro Blanco sobre Política Común de Transportes[202], se plantea que, al coste social por el uso de infraestructuras y del transporte en general, deben añadirse los gastos de inversión, con el objetivo de controlar mejor el transporte y crear infraestructuras más inteligentes.

Asimismo, en la década de 1990, las medidas estuvieron destinadas a limitar los problemas de competencia en el sector. Dichos problemas estaban provocados, entre otros, por la diversidad de métodos y niveles de tarificación existentes en los distintos Estados miembros[203]. Para hacer frente a esta situación, se aprobó la Directiva 1999/62/CE, a la que ya hemos hecho referencia en líneas precedentes, también conocida como Directiva *Euroviñeta* por la licencia suplementaria común que creó.

Con la Directiva *Euroviñeta* se buscaba lograr el establecimiento de un límite a las tasas de acceso a las infraestructuras para los vehículos pesados de transporte de mercancías. Esta Directiva continúa siendo la referencia en la materia, aunque ha sido modificada en múltiples ocasiones. Su objetivo principal consiste en conseguir que los costes generados, como consecuencia de la utilización de infraestructuras por los vehículos pesados, se reflejen en las tasas que estos pagan por tal uso.

Posteriormente, en el año 2008, la Comisión Europea presentó una serie de iniciativas que trajeron como consecuencia un esquema de cálculo de todos los costes externos del transporte más general y transparente. Este mencionado esquema se ha utilizado para calcular la base de las tasas por la utilización de infraestructuras del transporte.

---

201 COM/1998/466 final.

202 COM/2001/370 final.

203 MATTHEWS, B.: «Tarificación de infraestructuras de transporte en la Unión Europea. Teoría y aplicación en el transporte por carretera y ferrocarril» en *Ekonomiaz*, N°73, 1er cuatrimestre, 2010, p. 12. Disponible en: http://repositori.uji.es/xmlui/bitstream/handle/10234/164406/Matthews.pdf?sequence=1&isAllowed=y. última consulta el 2 de septiembre de 2022.

Por su parte, con el programa «Europa en Movimiento», en el año 2017, se presentan dos iniciativas para modificar la Directiva *Euroviñeta*. Una de ellas estaba centrada en la aplicación de gravámenes a vehículos pesados de transporte de mercancías, cuando hicieran uso de infraestructuras. La otra propuesta se refería a la imposición de impuestos sobre vehículos. Además, se añadía un proyecto que se materializó en la Directiva (UE) 2019/520, que hemos mencionado en otro capítulo de esta obra. Ésta consistía en la regulación de aspectos relativos a la interoperatividad de los sistemas de telepeaje de las carreteras, de modo que se pudiese obtener con mayor facilidad toda la información sobre impagos de peajes, así como que la misma se pudiera intercambiar.

Puede decirse que, a día de hoy, continúa el mismo enfoque en lo que a tarificación de infraestructuras se refiere, según el cual el usuario paga por el coste real del servicio del que disfruta. Asimismo, la aplicación del principio *quien contamina paga*, que está de plena actualidad como consecuencia de la adopción de las numerosas medidas relativas a la protección del medio ambiente, es también uno de los protagonistas.

12.4. Política de turismo

La Política de Turismo de la Unión Europea tiene su base jurídica en los artículos 6.d) y 195 del TFUE. Representa un sector que, más allá de sus resultados autónomos, influye decididamente en otros sectores económicos, como pueden ser el empleo o el transporte. Según datos ofrecidos por el Parlamento Europeo[204], engloba a 2,3 millones de empresas, muchas de ellas PYMES, y proporciona empleo a cerca de 12,3 millones de personas en el ámbito territorial de la Unión Europea.

Resulta algo constatable que, la relación entre los sectores del turismo y del transporte es muy estrecha e intensa. El transporte es el medio a través del cual llegamos al sitio en el que pretendemos hacer turismo, así como aquel en el

204 *Vid.:* https://www.europarl.europa.eu/factsheets/es/sheet/126/el-turismo. Última consulta el 15 de septiembre de 2022. Asimismo, vid. MOLINA DEL POZO. C.F.: Derecho del Turismo en la Unión Europea, Edit. Tirant lo Blanch, Valencia, 2021.

cual nos movemos una vez hemos llegado al lugar elegido. Ello supone que, el turismo requiera de la utilización habitual de determinados servicios de transporte para poder desarrollarse con entera normalidad.

Esta simbiosis se ve reflejada muy claramente en el caso del transporte aéreo. A lo largo de un año, el territorio de la Unión Europea es visitado por millones de turistas de todas partes del mundo que, en la mayor parte de las ocasiones, se trasladan hacia su destino en avión. Este hecho puesto de relieve supone, sin duda alguna, un factor de crecimiento y desarrollo para el transporte aéreo, así como un condicionante para ofrecer mejores servicios y ofertas aéreas a la ciudadanía. Asimismo, el ferrocarril y las líneas de altas velocidades permiten el desplazamiento en un corto período de tiempo de los turistas. Las RTE-T y el transporte intermodal resultan proporcionar grandes ventajas para el turista, lo que, a su vez, motiva al sector del turismo, pues permiten viajes a distintos puntos del territorio europeo con un mínimo esfuerzo.

Ahora bien, el impacto medioambiental del turismo, en lo que al transporte se refiere, ha sido una preocupación en Europa en los últimos años. Prueba de ello van a ser la publicación de distintos documentos, como a título de muestra pueden citarse, la Comunicación de la Comisión Europea «Agenda para un turismo europeo sostenible y competitivo»[205], y la Comunicación, también, de la Comisión Europea «El turismo y el transporte en 2020 y en adelante»[206]. Ambos textos referenciados ponen de manifiesto la importancia de incentivar modos de turismo sostenibles, haciendo uso, por ejemplo, de bicicletas alquiladas para la movilidad turística por la ciudad o, como no puede ser de otro modo, del transporte público.

En definitiva, cabe sostener que, en la actualidad, no es posible el desarrollo del sector turístico sin tener en cuenta a los transportes, algo que, a su vez, permite el desarrollo de éste. Por consiguiente, apostar por una Política de Transportes que permita al turista moverse de una forma más respetuosa con el medio ambiente y llegar a más sitios de forma

205 COM/2007/0621 final.

206 COM/2020/550 final.

más sencilla, parece la clave para continuar desarrollando ambos sectores en un futuro cercano.

12.5. Política regional

La Política Regional de la Unión Europea es aquel instrumento a través del cual esta invierte a nivel local. En otras palabras, es una política destinada al desarrollo de las regiones y ciudades menos desarrolladas de la Unión. Uno de sus ámbitos prioritarios de actuación, hoy en día, consiste en llevar a cabo la modernización del transporte, especialmente, en lo que a infraestructuras del transporte más innovadoras se refiere. La financiación de proyectos se realiza a través de los Fondos Estructurales y de Inversión Europeos, esencialmente, el Fondo de Cohesión y el Fondo Europeo de Desarrollo Regional.

Por solo mencionar algunos ejemplos acerca de cómo influye la Política Regional en la Política Común de Transportes, uno de los ámbitos en los que más se ha incidido es en las redes transeuropeas de transporte. Utilizando como mecanismo el Fondo de Cohesión para el período 2014-2020, se destinaron 10.000 millones de euros a la cofinanciación de proyectos de infraestructuras de transporte con valor añadido europeo. Además, se financiaron acciones destinadas a alcanzar los objetivos medioambientales marcados en el sector. Es de destacar que, del Fondo de Cohesión se benefician los Estados miembros que cuentan con una renta nacional bruta per cápita inferior al 90 % de la media comunitaria.

En la actualidad, para el período 2021-2027, tanto el Fondo Europeo de Desarrollo Regional como el Fondo de Cohesión, tienen entre sus objetivos políticos la promoción de la movilidad urbana sostenible para una Europa más verde y baja en carbono. También incluye entre sus metas una Europa más conectada, para lo que es imprescindible la mejora de la movilidad, de ahí que, los proyectos que incluyan esta finalidad puedan optar a participar de estos fondos[207].

Puede advertirse que, gracias a la Política Regional, las infraestructuras del transporte europeas se han moderni-

207 *Vid.:* Reglamento (UE) 2021/1058, de 24 de junio de 2021. DOUE L 231, de 30.6.2021, pp. 60-93.

zado. La observancia del principio de solidaridad y el otorgamiento de las correspondientes ayudas a las regiones menos desarrolladas, han resultado fundamentales para que se haya producido el mencionado adelanto. Sin embargo, hay que precisar que, los nuevos retos en la materia —como la digitalización o la protección del medio ambiente—, han venido a suponer variados e innovadores desafíos para los que las aludidas políticas serán fundamentales. En todo caso, probablemente, una de las acciones que más repercusión directa y visible tienen, sea la inversión en infraestructuras, como, por ejemplo, la mejora de las carreteras, de los aeropuertos, de los túneles, de los puertos marítimos, etc., algo que, sin duda, permite afirmar que esta resulta ser, en sí misma, un motor de desarrollo para la Política Común de Transportes.

12.6. Política de competencia

La Política de Competencia de la Unión Europea tiene como objetivo general el mantenimiento del buen funcionamiento del Mercado Interior y su unidad, así como servir de garantía a la fluidez de bienes y servicios por todo el territorio europeo[208]. Tal como está diseñada la política que nos ocupa, puede decirse que, es un elemento más que permite consolidar la libre circulación de mercancías y la defensa de los consumidores y usuarios.

Su base jurídica general la encontramos en los artículos 101 a 109 del Tratado de Funcionamiento de la Unión Europea y en el Reglamento 1/2003, de 16 de diciembre de 2002[209], siendo de aplicación tanto al sector público como privado.

---

208 *Vid.:* https://www.europarl.europa.eu/factsheets/es/sheet/82/la-politica-de-competencia (última consulta: 27 de octubre de 2022).

209 Reglamento (CE) n.º 1/2003 del Consejo, de 16 de diciembre de 2002, relativo a la aplicación de las normas sobre competencia previstas en los artículos 81 y 82 del Tratado. Referencia DOUE L 001 de 4 de enero de 2003, página 1. Versión consolidada de 1 de julio de 2009.
En el Reglamento se señala la necesidad de aplicar las normas comunitarias de competencia en estrecha relación entre la Comisión y las autoridades de competencia de los Estados miembros, y sirve como marco general de las normas europeas sobre competencia.

Entre las normas generales de la Política de Competencia encontramos la prohibición de acuerdos entre empresas para falsear la competencia o de explotación abusiva de posición dominante en el mercado por las empresas.

En relación con la Política de Transportes, no se debe olvidar que la Política de Competencia es directamente aplicable en el contexto del ordenamiento jurídico de la Unión Europea. En este sentido, cabe señalar que, el sector de los transportes tiene su normativa europea específica sobre competencia. De esta forma, para completar la legislación en la materia, debemos acudir al Reglamento (CE) n.° 169/2009 del Consejo, de 26 de febrero para el transporte terrestre por carretera, ferrocarril y vías interiores navegables[210], así como el Reglamento (CE) n.° 1419/2006 de 25 de septiembre[211] y el Reglamento (CE) n.° 246/2009 de 26 de febrero[212] para el transporte marítimo. El transporte aéreo se encuentra regulado en el Reglamento 2019/719, de 17 de abril de 2019[213].

De acuerdo con el Reglamento (CE) n.° 169/2009, las normas de competencia relacionadas con el transporte constituyen un elemento de la Política Común de Transportes y de la política económica general. Además, señala que, las normas contenidas en el citado Reglamento son una excepción a las normas generales sobre competencia, lo que es consecuencia de la

210 Reglamento (CE) n.° 169/2009 del Consejo, de 26 de febrero de 2009, por el que se aplican las normas de la competencia a los sectores de los transportes por ferrocarril, por carretera y por vía navegable. Referencia DOUE L 61/2 de 5 de marzo de 2009.

211 Reglamento (CE) n.° 1419/2006 del Consejo, de 25 de septiembre de 2006, que deroga el Reglamento (CEE) n.° 4056/86 por el que se determinan las modalidades de aplicación de los artículos 85 y 86 del Tratado a los transportes marítimos y se modifica el Reglamento (CE) n o 1/2003 ampliando su alcance con objeto de incluir el cabotaje y los servicios internacionales de tramp. Referencia DOUE L 269 de 28 de septiembre de 2006.

212 Reglamento (CE) n.° 246/2009 del Consejo, de 26 de febrero de 2009, sobre la aplicación del artículo 81, apartado 3, del Tratado a determinadas categorías de acuerdos, decisiones y prácticas concertadas entre compañías de transporte marítimo de línea (consorcios). Referencia DOUE L 79 de 25 de marzo de 2009.

213 Reglamento (UE) n.° 2019/712 del Parlamento Europeo y del Consejo, de 17 de abril de 2019, relativo a la defensa de la competencia en el transporte aéreo y por el que se deroga el Reglamento (CE) n.° 868/2004. Referencia DOUE L 123/4 de 10 de mayo de 2019.

especialidad que presenta el transporte. Según la norma aludida, se prohíben, en principio, para el transporte terrestre por carretera, ferrocarril y vías interiores navegables, los acuerdos de empresa, decisiones de asociaciones de empresas y la explotación abusiva de una posición dominante en el Mercado Interior, con excepciones en algunos casos. Permite a las empresas llegar a acuerdos e implementarlos sin necesidad de hacerlos públicos, pero siempre con el riesgo de que, a posteriori, se declaren nulos con carácter retroactivo si son examinados por la Comisión Europea e infringen el Derecho de la Competencia.

Además, el Reglamento 246/2009 habilita a la Comisión Europea para aplicar excepciones a determinados tipos de cooperación entre compañías de transporte marítimo de línea.

En lo que se refiere al transporte aéreo, con el Reglamento 2019/712, se establecen normas para la realización de investigaciones por parte de la Comisión Europea y la adopción de medidas correctoras en lo que respecta a las posibles prácticas que distorsionen la competencia entre compañías aéreas de la Unión Europea y de terceros países, o bien que causen o amenacen con causar un perjuicio a las compañías aéreas de la Unión. Adicionalmente, otorga el mandato a la Comisión Europea para que pueda determinar cuál es el interés de la propia Unión Europea, evaluando, en su conjunto, los distintos intereses en juego, concediendo prioridad a la necesidad de proteger a los consumidores y de mantener un alto nivel de conectividad para los viajeros y para la Unión.

En otro orden de ideas, un apartado relevante de la Política de Competencia de la Unión Europea que afecta a la Política de Transportes es el relativo a las ayudas estatales a las empresas. El artículo 107 del TFUE viene a prohibir, con carácter general, estas ayudas, con el objetivo de impedir la distorsión de la competencia en el Mercado Interior debido a la concesión de ventajas selectivas a determinadas empresas. Asimismo, prohíbe todas las ayudas directas concedidas por los Estados miembros o el trato preferente a empresas o sectores que falseen la competencia, afectando al comercio entre Estados miembros. Esta regla general presenta importantes excepciones, las cuales también se encuentran recogidas en el artículo mencionado *ut supra.*

En definitiva, de todo lo expuesto se extrae cómo la Política de Competencia afecta directamente a la Política de Común de Transporte y, por consiguiente, al propio sector. Todo el cúmulo de legislación en la materia así lo demuestra. Además, la interrelación entre ambas políticas permite un correcto desarrollo del sector. Así, de un buen diseño del Derecho de la Competencia en la Unión y en los Estados miembros, dependerá el buen funcionamiento del comercio en general. Un marco riguroso y transparente en este sentido se antoja como un elemento necesario para que la Política de Transportes goce de buena salud, se proteja el Mercado Interior y se beneficie a los consumidores y usuarios.

12.7. Política social

La Política de Transportes es clave para el fortalecimiento de la cohesión social de la Unión Europea, puesto que crea numerosos puestos de trabajo y ayuda a reducir las disparidades entre los Estados miembros. Su base jurídica se recoge tanto en el TUE como en el TFUE.

El primero, en su artículo tercero, señala los propósitos sociales que la Unión Europea desea conseguir y proteger. Entre ellos, apoyar la paz y el bienestar de los pueblos, asegurar un espacio de libertad, justicia y seguridad, pleno empleo y progreso social, combatir la exclusión social y discriminación, defender la igualdad entre mujeres y hombres, proteger los derechos del niño, fomentar la cohesión económica, territorial y social y la solidaridad entre los Estados, respetar la diversidad cultural, etc.

Es de gran relevancia mencionar, también, el artículo 6 del TUE, en el que se dispone que, la Carta de los Derechos Fundamentales de la Unión Europea (CDFUE) tiene igual valor jurídico que los Tratados y que, por tanto, la Unión reconoce las libertades, derechos y principios expuestos en ella, tales como la dignidad humana, el derecho a la vida, la libertad y seguridad, la educación, la libertad profesional, la igualdad ante la ley, la no discriminación, la diversidad cultural, religiosa y lingüística, la integración de personas discapacitadas, etc.

Por su parte, el TFUE en su artículo 4.2 apartado b) indica que, la política social es competencia compartida entre la Unión Europea y los Estados miembros. Además, el Título X de dicho Tratado está destinado expresamente a recoger y regular esta materia.

Dentro de este aludido Título, el artículo 151, manifiesta que, tiene como objetivo la mejora de las condiciones de vida y trabajo, el fomento del empleo, el diálogo social, el progreso de los recursos humanos, la lucha contra las exclusiones y una protección social adecuada. Para la consecución de todos estos propósitos enunciados, en el artículo 153 del TFUE, se establecen los ámbitos en los que la Unión Europea apoyará y completará la acción de los Estados.

En lo que al transporte se refiere, es conveniente manifestar que, el mencionado sector resulta ser fundamental en la perspectiva de fortalecer la cohesión social de la Unión Europea. Ciertamente, si tomamos en consideración su efecto a la hora de crear puestos de trabajo, observamos que, fomenta la movilidad de los trabajadores y las inversiones en infraestructuras, poniendo de relieve su enorme importancia.

Además, existen diferentes programas específicos de accesibilidad a las infraestructuras y medios de transporte que van dirigidos a personas con movilidad reducida, los cuales contribuyen muy positivamente a la consecución de los objetivos de la Política Social. Otras acciones específicas en este campo pueden ser citadas, por ejemplo, las ayudas para personas con bajos recursos y para jóvenes que les permitan acceder a los medios de transporte, así como toda la gama de derechos de los usuarios, que ya hemos desarrollado en líneas precedentes, cuando del uso del transporte se trata.

El respeto y preservación del derecho de libre circulación de personas, mercancías y servicios, también, constituye una dimensión fundamental de la política comunitaria. En definitiva, de igual manera que ocurre en los distintos casos de ejecución de las restantes políticas expuestas, la Política Social y la Política Común de Transportes se complementan en variados aspectos, de modo que, el desarrollo de una implica, necesariamente, tener en cuenta y abordar un conjunto, más o menos amplio, de las diferentes orientaciones y matices que nos proporciona y ofrece la otra.

12.8. Política de empleo

La base jurídica de la Política de Empleo de la Unión Europea se encuentra en el artículo 3 del TUE y en los artículos 8 a 10, 145 a 150, 156 a 159 y 162 a 164 del TFUE. La legislación europea en la materia es relevante en algunas cuestiones, sin embargo, procede destacar que, el grueso de la regulación en el ámbito del empleo es competencia de los distintos Gobiernos nacionales.

Pese a cuanto acabamos de explicitar, hemos de apreciar que, la normativa europea sobre empleo incide directamente en la Política de Transportes, en cuanto que esta última debe facilitar el cumplimiento de las prescripciones en la materia. De este modo, un breve compendio de disposiciones que afectan al sector incluye, entre otras, las siguientes cuestiones:

Para el transporte por carreteras

- Reglamento (CE) n.º 561/2006 del Parlamento Europeo y del Consejo, de 15 de marzo de 2006, relativo a la armonización de determinadas disposiciones en materia social en el sector de los transportes por carretera. Referencia: DOUE L 102 de 11.4.2006, p. 1.
- Directiva 2002/15/CE del Parlamento Europeo y del Consejo, de 11 de marzo de 2002, relativa a la ordenación del tiempo de trabajo de las personas que realizan actividades móviles de transporte por carretera. Referencia: *DOUE L 80 de 23.3.2002, p. 35/39.* Esta normativa viene a regular los tiempos de trabajo de los trabajadores por carretera. Entre las cuestiones que prescribe, establece que, el tiempo medio de trabajo semanal es de 48 horas, pudiendo conducir durante un máximo de 9 horas al día. Los trabajadores no deben trabajar más de 6 horas consecutivas sin pausa. El trabajo nocturno abarca entre las 00:00 horas y las 7:00 horas, no permitiéndose trabajar más de 10 horas por cada período de 24 horas. Además, la citada normativa diferencia entre conductores que transportan mercancías y aquellos que transportan pasajeros. En todo caso, es obligación del empresario que el conductor realice los descansos establecidos.

Para el transporte por ferrocarril

- Directiva 2005/47/CE del Consejo, de 18 de julio de 2005, relativa al acuerdo entre la Comunidad de Ferrocarriles Europeos (CER) y la Federación Europea de Trabajadores del Transporte (EFT) sobre determinados aspectos de las condiciones de trabajo de los trabajadores móviles que realizan servicios de interoperabilidad transfronteriza en el sector ferroviario. Referencia: *DOUE L 195 de 27.7.2005, p. 15/17.* Los conductores deben disfrutar de 12 horas consecutivas de descanso diario en su domicilio, por cada 24 horas trabajadas. Si el descanso es fuera del domicilio, su duración mínima ha de ser de 8 horas. El período máximo de trabajo diario es de 9 horas para trabajos diurnos y de 8 horas para nocturnos. De igual forma, es preceptivo el descanso de 30 minutos si trabaja entre 6 y 8 horas, y de 45 minutos si sobrepasa ese tiempo.

Para el transporte aéreo

- Directiva 2000/79/CE del Consejo, de 27 de noviembre de 2000, relativa a la aplicación del Acuerdo europeo sobre la ordenación del tiempo de trabajo del personal de vuelo en la aviación civil celebrado por la Association of European Airlines (AEA), la European Transport Workers'Federation (ETF), la European Cockpit Association (ECA), la European Regions Airline Association (ERA) y la International Air Carrier Association (IACA). Referencia: *DOUE L 302 de 1.12.2000, p. 57/60.* Los trabajadores del sector aéreo de la Aviación Civil pueden trabajar anualmente un máximo de 2000 horas, siendo de ellas 900 horas de tiempo total de vuelo. Deben someterse, antes de empezar a trabajar, a un reconocimiento médico gratuito. Además, los empleados que prestan todo tipo de servicios deben disfrutar de un mínimo de 7 días de descanso por cada mes natural, o bien de 96 días de descanso por cada año natural.

Para el transporte marítimo y de navegación interior

- Directiva 1999/63/CE del Consejo, de 21 de junio de 1999, relativa al Acuerdo sobre la ordenación del tiempo de trabajo de la gente de mar suscrito por la Asociación de Armadores de la Comunidad Europea (ECSA) y la Federación de Sindicatos del Transporte de la Unión Europea (FST). Referencia: *DOUE L 167 de 2.7.1999, p. 33/37.*

- Directiva 2014/112/UE del Consejo, de 19 de diciembre de 2014, por la que se aplica el Acuerdo europeo sobre determinados aspectos de la ordenación del tiempo de trabajo en el transporte de navegación interior celebrado por la Unión Europea de Navegación Fluvial (EBU), la Organización Europea de Patrones de Barco (ESO) y la Federación Europea de Trabajadores del Transporte (ETF). Referencia: *DOUE L 367 de 23.12.2014, p. 86/95.*
- Directiva 2009/13/CE del Consejo, de 16 de febrero de 2009, por la que se aplica el Acuerdo celebrado entre las Asociaciones de Armadores de la Comunidad Europea (ECSA) y la Federación Europea de Trabajadores del Transporte (ETF) relativo al Convenio sobre el trabajo marítimo, 2006, y se modifica la Directiva 1999/63/CE. Referencia: *DOUE L 124 de 20.5.2009, p. 30/50.* Para el supuesto de los trabajadores del mar, no se puede contratar a personas menores de 16 años para trabajar a bordo de un buque. Los marinos deben estar en posesión de un certificado médico válido, cuya validez máxima es de 2 años, y que viene a certificar su capacidad para ejercer ese trabajo. En cuanto a vacaciones, deben disfrutar de 2,5 días naturales de vacaciones anuales remuneradas por mes de empleo. Su horario de trabajo debe ser de 8 horas diarias, con un día de descanso e incluye el disfrute de los festivos nacionales. En el caso de los trabajadores del sector del transporte por vías navegables interiores, la jornada laboral es de 8 horas al día, pudiendo prolongarse siempre que se respete una media de 48 horas de trabajo semanales en un período de 12 meses. Se permite un máximo de 31 días consecutivos de trabajo. La empresa debe llevar un registro de los horarios diarios de trabajo y de descanso de cada trabajador, y estos tienen derecho a un examen médico anual gratuito.

12.9. Política de consumo

La Política de Consumo de la Unión Europea tiene su base jurídica en los artículos 4.2f), 12, 114 y 169 del TFUE y en el artículo 38 de la CDFUE. Su objetivo es ofrecer una política eficaz de protección de los consumidores, garantizando sus derechos, para mejorar los resultados del mercado para el conjunto de la economía.

La Política Común de Transportes también debe combinarse y tener en cuenta la normativa que emana de la Política de Consumo. Esto es así porque los usuarios de los distintos medios de transporte no son más que consumidores de un servicio y, como tal, están amparados por los derechos que prescribe la regulación en la materia.

A modo ilustrativo, podemos mencionar la Directiva (UE) 2015/2302, del Parlamento Europeo y del Consejo, de 25 de noviembre de 2015[214], relativa a los viajes combinados. En concreto, este texto dispositivo protege los derechos fundamentales de los consumidores en los supuestos de reserva de vacaciones u otras formas de viajes combinados.

Un sector polémico en cuanto al cumplimiento del ejercicio de los derechos de los consumidores es el del transporte aéreo, fundamentalmente, debido al problema que se deriva de las cancelaciones o grandes retrasos de vuelos y, también, por la responsabilidad de las compañías aéreas en caso de accidentes. Con carácter específico, para el sector aéreo se cuenta con dos importantes disposiciones, concretamente: el Reglamento (CE9 261/2004, del Parlamento Europeo y del Consejo, de 11 de febrero de 2004[215] —que establece normas sobre compensaciones y asistencia a pasajeros aéreos en casos de denegación de embarque o de cancelación o gran retraso de vuelos— y, el Reglamento (CE) 1107/2006, de 5 de julio de 2006[216], sobre los derechos de las personas con discapacidad o movilidad reducida.

Para el supuesto del transporte por tren, opera el Reglamento (CE) 1371/2007, de 23 de octubre de 2007[217], que regula los derechos y obligaciones de los viajeros de ferrocarril.

Por último, para el transporte en buques por mar o aguas interiores, debemos acudir al Reglamento (UE) 1177/2010, de 24 de noviembre de 2010[218].

---

214 DOUE L 326, de 11.12.2015, pp. 1-33.

215 DOUE L 46, de 17.02.2004, pp. 1-7.

216 DOUE L 204, de 26.7.2006, pp. 1-9.

217 DOUE L 315, de 3.12.2007, pp. 14-41.

218 DOUE L 334, de 17.12.2010, pp. 1-16.

Con carácter general, los consumidores de servicios de transporte cuentan con las siguientes normas que se citan: la Directiva 93/13/CEE, de 5 de abril de 1993[219], sobre cláusulas abusivas en los contratos celebrados con consumidores; la Directiva 2005/29/CE, de 11 de mayo de 2005[220], que regula las prácticas comerciales desleales de las empresas en sus relaciones con los consumidores en el Mercado Interior; así como, la Directiva 2011/83/UE, de 25 de octubre de 2011[221], relativa a los derechos de los consumidores.

12.10. Política de PYMES

Las pequeñas y medianas empresas (PYMES) representan en el seno de la Unión Europea el 99 % de las empresas, generando dos tercios de los empleos del sector privado[222]. Además, un buen número de PYMES desarrolla su actividad en el sector de los transportes, siendo completamente esenciales en el subsector del transporte de mercancías por carretera.

En este sentido, no se debe perder de vista en el análisis que llevamos a cabo que, el sector de los transportes es uno de los que pueden ser considerados como verdaderamente estratégicos para la economía, habiéndose de tener en cuenta que, de su funcionamiento dependen muchos otros niveles o tramos productivos, por no decir todos. En consecuencia, las distintas políticas que pretenden promocionar a las PYMES frente a las grandes empresas en la Unión Europea terminan afectando al transporte.

Dentro de la política de promoción de las PYMES, encontramos una amplia legislación relacionada también con el transporte. En este sentido, podrían citarse, entre otras, las siguientes disposiciones que son destacables:

---

219 DOUE L 95, de 21.04.1993, pp. 29-34.

220 DOUE L 149, de 11.06.2005, pp. 22-39.

221 DOUE L 304, de 22.11.2011, pp. 64-88.

222 *Vid.:* https://ec.europa.eu/regional_policy/es/policy/themes/sme-competitiveness/ y https://industria.gob.es/es-es/Servicios/MarcoEstrategicoPYME/Marco%20Estrat%C3%A9gico%20PYME.pdf (última consulta: 13 de octubre de 2022).

- Comunicación de la Comisión Europea: «Pensar primero a pequeña escala - Small Business Act para Europa[223]», texto que fue respaldado por el Consejo, el Consejo Europeo y el Parlamento Europeo, y que vino a situar entre sus prioridades el facilitar la participación de las PYMES en la contratación pública y el acceso a las ayudas estatales, así como ofrecerles una guía en el proceso para beneficiarse de las oportunidades que brinda el Mercado Único Europeo. Como resultado se adoptó el Estatuto de la Empresa Privada Europea. Esta Comunicación también contaba, entre sus objetivos, con un apartado destinado al medio ambiente, en cuanto aspecto que, en aquel momento en que fue publicada, ya comenzaba a ser importante y que, probablemente, sería de los que más afectaría al transporte, debido a su impacto, respecto a las PYMES.
- Comunicación de la Comisión Europea de 31 de julio de 2020: «Paquete de Movilidad I sobre el transporte por carretera[224]», siendo que, esta Comunicación tiene en cuenta las disposiciones del Pacto Verde Europeo y afecta, especialmente, a las empresas de transporte y logística, dentro de las cuales —ya mencionamos— que las PYMES tienen un peso importante por circunscribirse su labor en el sector transportes, especialmente, al transporte por carretera. Las modificaciones que ha supuesto han ido entrando en vigor, paulatinamente, hasta el año 2022 y, estarán vigentes hasta 2026. Entre las novedades más interesantes se encuentran: el ajuste de los tiempos de conducción y entrega o la prohibición del descanso del conductor a bordo del vehículo. Además, modifica el Reglamento 1071/2009, de 21 de octubre de 2009, del Parlamento y del Consejo, por el que se establecen las normas comunes relativas a las condiciones que han de cumplirse para el ejercicio de la profesión de transportista por carretera[225], en cuanto a los requisitos que deben cumplir las empresas para acceder al mercado, la ampliación de las empresas incluidas en su ámbito de

223 Referencia DOUE: COM (2008) 394 final.

224 DOUE: 2020/C-252/01.

225 DOUE L 300/51, de 14 de noviembre de 2009.

aplicación y el importe mínimo total necesario para cada año en relación con el capital y reservas.

- Programas Horizonte 2020 y Horizonte 2021-2027: ambos destinados a la financiación de proyectos que cumplan determinados requisitos. Así, con Horizonte 2020 se financiaron proyectos cuyo objetivo era promover la participación de las PYMES, entre ellos: *Star-net Transport* para proyectos de transporte sostenible por superficie, ECARE+ para proyectos aeronáuticos y el apoyo a la formación de clústeres, o SMART para proyectos de transportes en general. Cabe señalar siquiera que, durante la peor época de la pandemia, en el año 2020, muchas PYMES no contaron con el apoyo financiero necesario, tales como, por ejemplo, aquellas que ejercían en el transporte de viajeros. Teniéndolo en cuenta, con el programa Horizonte 2021-2027, a través del Consejo Europeo de Innovación, se ha concedido apoyo a todas aquellas innovaciones de vanguardia o disruptivas que sean muy arriesgadas para los inversores privados, estando previsto que, el 70 % del presupuesto termine en manos de proyectos presentados por las PYMES[226].

De esta breve exposición se puede extraer la importancia que le confiere la Unión Europea, en el sector transportes, a la participación de las PYMES y, de qué manera, a través de la financiación necesaria a este tipo de empresas, se promueven proyectos que mejoren tal situación. Como ya ha quedado señalado anteriormente, el transporte es un sector transversal que, aunque no se mencione de forma explícita muchas veces, el hecho de que se regule e inserte, también, en una política de PYMES afecta directamente al sector, de ahí que sea necesario tenerla en cuenta cuando a los transportes hacemos referencia.

12.11. Política comercial

Conforme al artículo 3.1 e) del TFUE, la Unión Europea tiene competencia exclusiva sobre la Política Comercial

226 *Vid.:* https://intelectium.com/horizonte-europa-2021/ (última consulta: 18 de octubre de 2022).

Común. Esto supone que, los Estados miembros han renunciado a legislar sobre esta materia, confiando en las Instituciones comunitarias para que sean ellas las que desarrollen y ejerzan la competencia correspondiente. Esta política, de acuerdo con el artículo 207 del TFUE, debe basarse en principios uniformes y en el marco de los objetivos de la Acción Exterior de la Unión Europea. Una temática fundamental para su impulso y perfeccionamiento lo constituye la Unión Aduanera.

Actuar en el mercado internacional con una sola voz proporciona solidez a la posición de los Estados miembros. Por este motivo, corresponderá a la Unión Europea la tarea de llevar a término la gestión de las relaciones comerciales con terceros países, haciendo uso de distintos acuerdos comerciales que ofrecen oportunidades varias.

Ahora bien, la Política Comercial Común requiere de una Política de Transporte que le otorgue un amplio y eficaz soporte para poder desarrollarse. Todas las mercancías que se exportan e importan desde y hacia la Unión Europea lo hacen a través de un medio de transporte. Más allá de eso, la Política Comercial Común resulta ser un importante motor de impulso para el sector del transporte. Cuanta más actividad se requiera, más puestos de trabajo —conductores, técnicos, pilotos, marinos mercantes, personal de manipulación, reponedores, etc.— se van a necesitar crear. Este hecho genera, por tanto, un desarrollo en lo que al transporte de mercancías se refiere.

Por citar algunos datos, en el año 2019, la Unión Europea exportó bienes y servicios por valor de 3.1 billones de euros e importó 2.8 billones de euros, convirtiéndola en el mayor actor comercial mundial[227]. Todo ello no hubiera sido posible sin una Política de Transportes eficaz que le otorgase el respaldo preciso. Además, para poder continuar siendo competitivos, es necesario que los plazos de entrega sean lo más cortos posibles. Por ello, elegir el medio de transporte óptimo y la empresa más adecuada para cada operación comercial resulta crucial. Asimismo, contar con la última tecnología y

227 *Vid.*:https://eur-lex.europa.eu/legal-content/ES/TXT/?uri=CELEX:52021DC0066. Última consulta el 15 de octubre de 2022. Asimismo, vid. Molina del Pozo, C.F.: Aspectos Jurídicos de la Política Comercial Común en la Unión Europea, Editorial Colex, A Coruña, 2022, pág. 11 a 128.

con una digitalización puntera en la logística, sin duda, favorecerá también la competitividad europea en lo que a mercado internacional se refiere.

Por último, señalar que, en la Comunicación de la Comisión «Revisión de la política comercial. Una política comercial abierta, sostenible y firme», de 18 de febrero de 2021[228], se exponen los objetivos de la Política Comercial de aquí al año 2030. Entre ellos, uno de los más interesantes se refiere a la promoción de la sostenibilidad de las cadenas de valor. Para ello, se propondrán medidas que promuevan la lucha contra el cambio climático, lo que directamente terminará incluyendo al sector del transporte.

En conclusión, la Política Comercial Común y la Política Común de Transportes se necesitan la una a la otra para su puesta en ejecución, desarrollo y crecimiento. Las medidas de la Política de Transportes afectan —y continuarán afectando— al comercio internacional de la Unión Europea y, por tanto, a la posición comercial estratégica de esta, razón por la cual las regulaciones nuevas o las modificaciones de las existentes han de considerar el impacto global que puedan generar.

12.12. Redes transeuropeas de transporte: infraestructuras, comunicaciones y energía

Las redes transeuropeas tienen su origen en el Tratado de Maastricht, donde ya se hacía referencia a ellas respecto a los sectores del transporte, la energía y las telecomunicaciones. Su objetivo se centra en conseguir conectar todas las regiones de la Unión Europea para desarrollar el Mercado Interior, más allá de la yuxtaposición de redes nacionales, así como reforzar la cohesión económica y social y acercar el territorio a países terceros vecinos. Abarca el transporte por carreteras y ferrocarril, las vías navegables, los puertos marítimos y la red ferroviaria de alta velocidad.

En estos objetivos reseñados puede decirse que es donde radica la importancia de las redes transeuropeas en lo concerniente a la Política de Transportes, pues conectar a todas

228 COM/2021/66 final.

las regiones europeas es un propósito que pasa directamente por el uso de las redes de transporte, en todas sus formas. En este sentido, se hace necesario reforzar esa afirmación exponiendo algunos de los resultados que las redes transeuropeas han conseguido en el sector del transporte.

La base jurídica de las redes transeuropeas la encontramos en los artículos 170 a 172 y 194.1 d) del TFUE y en el Reglamento 1315/2013[229]. En lo que se refiere a las redes transeuropeas de transporte (RTE-T), en el año 1994 con los Consejos Europeos de Corfú y Essen, se aprobaron catorce proyectos prioritarios para el sector del transporte. A través de la Decisión 1692/96/CE[230], se diseñó el marco general de referencia que permitiría incentivar las acciones de los Estados miembros en esta materia, fijando como objetivo el establecimiento de la RTE-T hasta el año 2010, con la integración progresiva de los transportes terrestre, marítimo y aéreo. Asimismo, determinó las características de las redes específicas para los distintos tipos de transporte. Con la Decisión 1346/2001/CE[231] se viene a completar el plan de desarrollo de los transportes, de modo que todos los tipos de transportes ya estaban incluidos en el mismo.

Es de destacar que las RTE-T abarcan todo el territorio de la Unión, pudiendo extenderse a países socios de Europa sudoriental y del Mediterráneo, así como a países miembros de la Asociación Europea de Libre Comercio. Actualmente, conecta a 424 ciudades importantes que cuentan con puertos, aeropuertos e infraestructuras ferroviarias[232].

---

229 Reglamento 1315/2013 del Parlamento Europeo y del Consejo, de 11 de diciembre de 2013, sobre las orientaciones de la Unión para el desarrollo de la Red Transeuropea de Transporte, y por el que se deroga la decisión n.° 661/2010/UE (DOUE L 348 de 20 de diciembre de 2013, págs. 1-128).

230 Decisión 1692/96/CE, del Parlamento y del Consejo de 23 de julio de 1996 sobre las orientaciones comunitarias para el desarrollo de la red transeuropea de transporte (DOUE L 228 de 9 de septiembre de 1996, págs. 1-104).

231 Decisión 1346/2001/CE, del Parlamento Europeo y del Consejo, de 22 de mayo de 2001, por la que se modifica la Decisión 1692/96/CE en lo que se refiere a puertos marítimos, puertos interiores y terminales intermodales (DOUE L 185 de 6 de julio de 2001, págs. 1-36).

232 *Vid.:* https://transport.ec.europa.eu/news/efficient-and-green-mobility-2021-12-14_en. Última consulta el 15 de octubre de 2022.

Las RTE-T sufrieron modificaciones y revisiones en los años 2004[233], 2007[234] y 2013. En 2004 y 2007 estas revisiones supusieron el aumento del número de proyectos prioritarios a treinta, siendo preceptivo que los mismos cumpliesen y respetasen la regulación en materia medioambiental de la Unión Europea.

En 2006 se creó la Agencia Ejecutiva de la Red Transeuropea de Transporte, cuya misión se centraría en preparar y realizar el seguimiento técnico y financiero de las decisiones sobre proyectos gestionados por la Comisión Europea. La mencionada Agencia, en el año 2014, pasó a llamarse Agencia Ejecutiva de Innovación y Redes, teniendo como trabajos principales la ejecución de los programas Marco Polo 2007-2013 y de la gestión técnica y financiera del Mecanismo «Conectar Europa» y de partes de Horizonte 2020.

En febrero del año 2009 se hizo público el Libro Verde RTE-T: Revisión de la política. Hacia una red transeuropea de transporte mejor integrada al servicio de la Política Común de Transportes[235]/[236] con el que, estructurado en trece preguntas relacionadas con «aspectos en juego», se pretendía establecer el punto de partida para consultas de los agentes implicados para definir las reformas pertinentes. Así, planteaba la necesidad de mantener o eliminar el primer nivel de planificación y la utilidad de los proyectos prioritarios.

Por su parte, en la revisión del año 2013, con el Reglamento 1315/2013, se implementó una transformación de toda la red, lo que deriva en una red integrada, tan necesaria para el desarrollo del Mercado Interior. Como prioridad

233 Decisión 884/2004/CE del Parlamento Europeo y del Consejo, de 29 de abril de 2004, por la que se modifica la Decisión 1692/96/CE sobre las orientaciones comunitarias para el desarrollo de la red transeuropea de transporte (DOUE L 167, de 30 de abril de 2004, págs. 1-38).

234 Reglamento (CE) 680/2007 del Parlamento Europeo y del Consejo, de 20 de junio de 2007, por el que se determinan las normas generales para la concesión de ayudas financieras comunitarias en el ámbito de las redes transeuropeas de transporte y energía (DOUE L 162 de 22 de junio de 2007, págs. 1-10).

235 *Vid.:* http://www.transpirenaica.org/Documentos/2011/InformesUE/LexUriServ.pdf (última consulta: 5 de octubre de 2021).

236 Referencia COM (2009) 44 final.

se define la aplicación de soluciones tecnológicas innovadoras, que permitan el acceso de todos, así como un sistema más sostenible y eficiente energéticamente.

Asimismo, se diseña una nueva Política de RTE-T, cuya estructura está conformada por una red global y otra red básica. La red global tiene como objetivo garantizar conexiones eficaces con todas las regiones europeas, debiendo estar finalizados los proyectos para finales de 2050. En cuanto a la red básica, compuesta por los elementos más importantes de la red, se fijó el cumplimiento de sus criterios para más tardar el año 2030, con una revisión previa exhaustiva fijada para 2023. Como instrumento para facilitar la ejecución coordinada de sus proyectos, se introducen corredores multimodales principales.

En diciembre de 2021, se propusieron acciones que contribuyen a conseguir una mayor eficiencia, así como viajes más sostenibles. En concreto, se incita a permitir que los trenes viajen a 160 km/h o más rápido para el año 2040; que se creen más terminales de transbordo; que se fije una fecha intermedia (año 2040) para adelantar la finalización de las partes principales de la red, y que las ciudades que forma parte de esta desarrollen planes de movilidad urbana sostenible.

Por otra parte, dentro de las sugerencias, se incluye una propuesta legislativa multimodal para 2022, que impulse la emisión de boletos multimodales, así como directrices para la fijación de precios de acceso a las vías en 2023 para operadores ferroviarios[237].

En definitiva, con las redes transeuropeas se da un paso más en el desarrollo de la Política de Transportes, no solo por proporcionar la infraestructura necesaria para el funcionamiento del Mercado Interior, con soluciones sostenibles, sino también porque es una forma de garantizar la accesibilidad a los distintos medios de transporte por los usuarios, y por ser una vía para garantizar el derecho de los ciudadanos europeos a desplazarse libremente por el territorio de la Unión Europea, más rápidamente y con mejor accesibilidad.

237 *Vid.:* https://transport.ec.europa.eu/news/efficient-and-green-mobility-2021-12-14_en. Última consulta el 15 de octubre de 2022.

13. Perspectivas de futuro de la Política de Transportes

Tras abordar los aspectos más relevantes de la Política Común de Transportes de la Unión Europea, cabe preguntarse cuál va a ser el futuro normativo que se puede esperar para dicha política. Nos encontramos en un entorno cada vez más competitivo a nivel internacional. El sector del transporte en la Unión Europea no es ajeno a esa competencia, de ahí que necesite un nuevo impulso para situarse a la vanguardia mundial y contribuir al eficiente desarrollo del resto de sectores económicos.

Una de las cuestiones que más trayectoria futura presenta actualmente en el contexto de la Unión Europea resulta ser, sin ningún género de dudas, el ámbito temático referido a la lucha contra el cambio climático, la protección del medio ambiente y la sostenibilidad. Ya mencionábamos en líneas precedentes la intención de las instituciones europeas de prohibir para el año 2035 la venta de coches que utilicen diésel y gasolina, y para el año 2050 no permitir que ningún coche que no sea eléctrico pueda circular por carreteras europeas. Estas medidas forman parte de las acciones tomadas como consecuencia del Pacto Verde Europeo y de la Ley Europea del Clima.

En cuanto a las emisiones netas, para el año 2030 deberán reducirse al menos en un 55 % con respecto a los valores de 1990, y en 2050 deben haberse reducido a cero. La sostenibilidad continuará siendo una constante en todas las políticas que desarrollen las instituciones. Así, se continuará regulando sobre la eficiencia de los vehículos, las energías más limpias con nuevos combustibles y sistemas de propulsión, y un mejor uso de las redes existentes, y operaciones más seguras gracias a los sistemas de información y comunicación.

Por otra parte, la Comisión Europea prevé desarrollar un espacio único europeo del transporte más eficiente, en el cual se impulse el transporte intermodal y una tarificación inteligente. Especial importancia cobrará la intermodalidad, que permitirá conectar las áreas costeras con el interior del territorio, gracias fundamentalmente a la interconexión del ferrocarril con las líneas de cabotaje. Para ello, la búsqueda de nuevas formas de financiación, con fomento de la inversión privada, serán fundamentales. No debemos olvidar que, la conclusión de las redes transeuropeas de transportes aún está pendiente.

Otro aspecto a tener en cuenta es la mejor implementación de las nuevas tecnologías y la digitalización en el sector del transporte. Además, conforme avancen los años, nuevas formas de movilidad surgirán, que supondrán un desafío para la legislación actual. Por solo citar un ejemplo, ya se prueban en empresas europeas y de otras partes del mundo coches capaces de volar, con las implicaciones en materia de seguridad que ello supone. En este sentido, es necesario no perder de vista la seguridad en el transporte. Las políticas que contribuyan a disminuir las muertes o las lesiones graves, a consecuencia de accidentes en los distintos medios de transporte, son fundamentales.

Al hacer uso de medios de transportes más digitalizados, es necesario diseñar un sistema de protección de estos para evitar situaciones que comprometan la seguridad como, por ejemplo, un hackeo del sistema. Las infraestructuras del transporte son otra cuestión a tener en cuenta. La intermodalidad requiere de infraestructuras interconectadas y con servicios cada vez más eficientes, que se adapten al aumento de viajeros y cumplan con sus necesidades. Además, el estado de las carreteras y vías férreas debe continuar siendo una prioridad, solo así se podrá garantizar la seguridad.

Bibliografía

Calvo Caravaca, A.L.: «El Reglamento Roma I sobre la ley aplicable a las obligaciones contractuales: cuestiones escogidas», en la *Revista Cuadernas de derechos transnacional,* vol. 1, n.° 2, 2009, pp. 52-133.

Canedo Arrillaga, M.P.: «El procedimiento comunitario de defensa de la competencia y la protección de los consumidores», en la obra *Derecho de consumo: actas del Congreso Internacional sobre Derecho de Consumo* (coord.: M.P. CANEDO ARRILLAGA), 2009, pp. 767-788.

Esteban de la Rosa, F.: *La protección de los consumidores en el mercado interior europeo*, Comares, 2003.

FERNÁNDEZ LÓPEZ, J.M.: «Derecho de Sociedades. Derecho de la Competencia», en la obra *Veinticinco años de Impacto del Derecho comunitario* en el Derecho Español (Dir. MOLINA DEL POZO, C.F.), Liceus, Madrid, 2010, pp. 235-254.

GALERA RODRIGO, S.: *La responsabilidad de las Administraciones Públicas en la prevención de daños ambientales,* Edit. Montecorvo, Madrid, 2001.

GARCÍA LÓPEZ, T.: «El principio de la integración de la variable ambiental en las políticas sectoriales versus la transversalidad de las políticas públicas», en la obra *Treinta años de integración europea* (coord.: C.F. MOLINA DEL POZO), Jurua, 2009.

GARCÍA LÓPEZ, T.: *Quien contamina paga. Principio regulador del Derecho Ambiental,* Edit. Porrúa, México, 2001.

GARCÍA TREVIJANO GARNICA, E.: *Los Procedimientos comunitarios de control de Ayudas de Estado,* Fundación BBV, Madrid, 2000.

GOLDMAN, B.: *Droit comercial européen*, Dalloz, París, 1983.

GONZÁLEZ VAQUÉ, L.: «El derecho del consumo en la Unión Europea: la problemática planteada por la armonización mínima en las normativas comunitarias relativas a la protección de los consumidores», en la revista *Gaceta jurídica de la Unión Europea y de la competencia*, n.° 233, 2004, pp. 33-48.

LÓPEZ V, Gonzalo: «La protección jurídica de los consumidores en Europa: el Libre Verde de 2007 para la revisión del Derecho de consumo, en la obra El futuro de la protección jurídica de los consumidores» (*Actas del I Congreso Euroamericano de Protección Jurídica de los Consumidores;* coords.: J.L. TOMILLO URBINA y J. ÁLVAREZ RUBIO), 2008, pp. 611-619.

HERNÁNDEZ BATALLER, B.: «Las Políticas Comunitarias de Protección de los Consumidores y de la Salud», en la obra *Veinticinco años de Impacto del Derecho Comunitario en el Derecho Español* (Dir. MOLINA DEL POZO, C.F.), pp. 373-408.

Molina del Pozo, C.F.: *Tratado de Derecho de la Unión Europea*, 4 vols., Juruá Editora, Curitiba, Lisboa, 2015.

Molina del Pozo, C.F.: «Energías renovables y cambio climático como políticas públicas de desarrollo sostenible en la Unión Europea», en la obra *La Administración Pública entre dos Siglos, Libro Homenaje al Prof. Dr. M. Baena del Alcázar* (Coord. M. ARENILLA), INAP, Madrid, 2011.

Molina del Pozo, C.F.: *Legislación ambiental*, 6 volúmenes, Euroius, Edit. Jurídica, Madrid, 1997.

Molina del Pozo, C.F.: «La política de Medio Ambiente en la Comunidad Europea», en la *Revista del Instituto de Estudios Económicos,* Madrid, n.º 1, 1980.

Molina del Pozo, C.F.: *Derecho del Turismo en la Unión Europea*, Edit. Tirant lo Blanch, Valencia, 2021.

Molina del Pozo, C.F.: *Aspectos Jurídicos de la Política Comercial Común en la Unión Europea*, Editorial Colex, A Coruña, 2022.

Molina del Pozo, C.F.: *Derecho de la Unión Europea*, 7.ª edición, Editorial Reus, Madrid, 2023.

Molina del Pozo, C.F. (Dir.): «Comentarios a la Legislación Comunitaria», Tomo I: *Derecho de la Competencia,* Edersa, Madrid, 1987.

Molina Schmit, T.: «Medioambiente», en la obra de MOLINA DEL POZO (Dir.) *Veinticinco años de Impacto del Derecho Comunitario en el Derecho Español*, Liceus, Madrid, 2010, pp. 449-470.

Serrano Paredes, O.: *La gestión de residuos sanitarios,* Comares, Granada, 2001

Ramos Castellanos, P.: *Cambio climático:* ¿un *desafío a nuestro alcance?*, Ediciones Universidad, Salamanca, 2008.

Ripoll Navarro, R.: *Libre competencia y ayudas a las empresas públicas*, Fund. Bancaixa, Valencia, 1998.

Ripoll Navarro R.: «La transparencia en la relación entre el Estado y las empresas públicas», en la obra de Molina

DEL POZO (Dir.) *Veinticinco años de Impacto del Derecho Comunitario en el Derecho Español*, Liceus, 2010, pp. 275-296.

ULANGUI, V.: «Cambio Climático», en la obra de MOLINA DEL POZO, C.F. (Dir.) *Veinticinco años de Impacto del Derecho Comunitario en el Derecho Español*, Liceus, Madrid, 2010, pp. 513-535.

VV. AA., *Cuadernos Europeos de Deusto,* ejemplar dedicado monográficamente a la «Política de competencia: descentralización y reforma en la UE y en España», n.° 38, 2008.

Jurisprudencia de especial interés

- TJUE, *Walt Wilhelm Costen-Grundig*, de 13 de julio de 1966 (Asuntos 56 y 58/64).
- TJUE, *Maschinenbau*, de 30 de junio de 1966 (Asunto 56/65).
- Decisión de la Comisión C(1999) 3022 final, *Airtours c. First Choice*, de 22 de septiembre de 1999.
- TJUE, *Compagniemaritimebelge SA c. Comisión*, de 16 de marzo de 2000 (Asuntos C-395/96 P y C-396/96 P).

Made in United States
Troutdale, OR
11/03/2026

56847372R00086